Viktoriya Pasternak

CARACTERÍSTICAS DO ENSINO DA MODELAÇÃO COMPUTACIONAL NAS AULAS DE INFORMÁTICA

Viktoriya Pasternak

CARACTERÍSTICAS DO ENSINO DA MODELAÇÃO COMPUTACIONAL NAS AULAS DE INFORMÁTICA

Monografia

ScienciaScripts

Imprint
Any brand names and product names mentioned in this book are subject to trademark, brand or patent protection and are trademarks or registered trademarks of their respective holders. The use of brand names, product names, common names, trade names, product descriptions etc. even without a particular marking in this work is in no way to be construed to mean that such names may be regarded as unrestricted in respect of trademark and brand protection legislation and could thus be used by anyone.

Cover image: www.ingimage.com

This book is a translation from the original published under ISBN 978-620-7-81056-7.

Publisher:
Sciencia Scripts
is a trademark of
Dodo Books Indian Ocean Ltd. and OmniScriptum S.R.L publishing group

120 High Road, East Finchley, London, N2 9ED, United Kingdom
Str. Armeneasca 28/1, office 1, Chisinau MD-2012, Republic of Moldova, Europe
Printed at: see last page
ISBN: 978-620-7-85750-0

ÍNDICE

INTRODUÇÃO

No mundo moderno da tecnologia e da informação, a capacidade de utilizar um computador e o seu software tornou-se uma componente essencial de um indivíduo instruído. A modelação computacional, como um dos ramos da informática, ocupa um lugar especial no processo educativo, porque permite não só a assimilação teórica da matéria, mas também a aplicação prática dos conhecimentos para resolver problemas do mundo real. Consequentemente, o ensino da modelação computacional está a ganhar cada vez mais popularidade e requer uma abordagem específica para a organização e condução das aulas de informática.

Relevância do tema. O desenvolvimento das tecnologias e o papel crescente da sociedade da informação exigem um domínio profundo das competências de modelação informática desde tenra idade. Este facto promove a formação do pensamento crítico, o desenvolvimento de capacidades criativas e a preparação dos jovens para os desafios do mercado de trabalho moderno. No entanto, apesar da importância desta questão, as metodologias para o ensino da modelação computacional ainda não estão totalmente desenvolvidas e implementadas no currículo escolar.

Finalidade e objectivos do estudo. O objetivo desta monografia é estudar as características e os métodos eficazes de ensino da modelação computacional nas aulas de informática. Os principais objectivos do estudo incluem:

1. Análise das abordagens actuais ao ensino da modelação computacional.
2. Determinar os melhores métodos e instrumentos para o ensino desta matéria.
3. Desenvolvimento de recomendações para professores de informática sobre a implementação da modelação computacional no processo educativo.
4. Avaliar a eficácia dos métodos implementados utilizando exemplos de instituições de ensino específicas.

Novidade e significado prático. A novidade desta investigação reside numa abordagem abrangente ao estudo dos métodos de ensino da modelação computacional, que inclui tanto a análise teórica como recomendações práticas para os professores. O significado prático está na possibilidade de aplicar as metodologias desenvolvidas nas escolas, o que melhorará a qualidade do ensino e aumentará o nível de proficiência dos alunos em informática.

Estrutura da monografia. A monografia é constituída por uma introdução, capítulos fundamentados, conclusões e uma lista das fontes literárias utilizadas. Descreve os fundamentos teóricos da modelação computacional, analisa as metodologias modernas de ensino, apresenta os resultados de inquéritos a professores e alunos sobre a eficácia de diferentes abordagens de ensino, propõe os métodos do autor para o ensino da modelação computacional e fornece uma avaliação da implementação dos métodos desenvolvidos no processo educativo.

Assim, esta monografia tem como objetivo aprofundar os conhecimentos no domínio do ensino da modelação computacional e fornecer recomendações práticas para melhorar a qualidade do ensino da informática nas escolas. A aplicação dos métodos propostos preparará os alunos para os desafios modernos da sociedade da informação e contribuirá para o desenvolvimento das suas competências profissionais no domínio das TI.

O autor gostaria de agradecer aos revisores deste livro, pelas suas propostas e discussões construtivas.

CAPÍTULO 1. FUNDAMENTOS TEÓRICOS DA MODELAÇÃO COMPUTACIONAL

1.1. Introdução. Conceito e essência da modelação computacional

A modelação informática é o processo de criação e utilização de modelos para simular, analisar e estudar sistemas reais utilizando tecnologias informáticas. Um modelo é uma representação simplificada de um sistema ou processo real que mantém as características e interacções essenciais dos elementos do sistema, permitindo a realização de experiências e a obtenção de informações importantes sobre o comportamento do sistema.

Princípios fundamentais da modelação por computador
1.   **Abstração:** Redução de objectos reais a modelos mais simplificados para facilitar a análise.
2.   **Iteratividade:** O processo de construção de modelos envolve frequentemente iterações repetidas para aperfeiçoar e melhorar o modelo.
3.   **Validação e verificação:** Assegurar que o modelo representa com precisão o sistema real (validação) e confirmar a correção dos algoritmos e do software que implementa o modelo (verificação).
4.   **Escalabilidade:** A capacidade de adaptar os modelos a diferentes níveis de pormenor e a vários volumes de dados.

Essência da modelação por computador
A essência da modelação computacional reside na capacidade de estudar o comportamento de sistemas complexos sem necessidade de realizar experiências no mundo real, o que pode ser dispendioso, perigoso ou mesmo impossível. A modelação computacional permite:
1.   **Previsão:** Prever o estado futuro de um sistema com base nos dados e tendências actuais.
2.   **Otimização:** Determinar as melhores opções para obter resultados óptimos.
3.   **Visualização:** Fornecer uma representação visual de dados e processos, o que ajuda a compreender melhor fenómenos complexos.
4.   **Análise:** Analisar profundamente os sistemas, identificando relações de causa e efeito e possíveis resultados de várias influências.

Vantagens da modelação por computador
1.   **Relação custo-eficácia:** Redução das despesas com experiências físicas.
2.   **Segurança:** Eliminar os riscos associados às experiências do mundo real.

3.   **Velocidade:** Permite a execução rápida de numerosas experiências e a análise de grandes volumes de dados.

4.   **Exatidão:** Utilização de algoritmos de alta tecnologia para alcançar uma elevada precisão nos resultados.

A modelação computacional é uma ferramenta poderosa para estudar e analisar sistemas complexos, permitindo reduzir custos, aumentar a segurança, acelerar a execução de experiências e obter resultados precisos e claros. Isto torna-a indispensável em muitos domínios da ciência, engenharia e educação.

A modelação informática é um processo em que são utilizados métodos computacionais e software para criar e manipular representações abstractas (modelos) de sistemas ou fenómenos do mundo real. Estes modelos ajudam a simular, analisar e prever o comportamento e o desempenho do sistema real.

Os elementos-chave da modelação por computador incluem:

1.   **Criação de modelos:**

o   **Abstração:** Simplificar sistemas complexos, concentrando-se nas características e interacções essenciais e omitindo os pormenores menos críticos. Isto ajuda a tornar os modelos geríveis e mais fáceis de trabalhar.

o   **Representação:** Desenvolvimento de representações matemáticas ou lógicas do sistema. Estas podem incluir equações, algoritmos e estruturas de dados que captam as características essenciais e a dinâmica do sistema do mundo real.

2.   **Simulação:**

o   **Experimentação:** Realização de experiências virtuais através da execução de simulações no modelo informático. Isto permite aos investigadores testar diferentes cenários e observar potenciais resultados sem ter de manipular o sistema real.

o   **Visualização:** Fornecer representações visuais dos dados e processos envolvidos. Isto ajuda a compreender fenómenos complexos e a comunicar resultados de forma eficaz.

3.   **Análise:**

o   **Interpretação de dados:** Analisar os resultados obtidos nas simulações para obter informações sobre o comportamento do sistema. Isto pode envolver análise estatística, reconhecimento de padrões e outras técnicas analíticas.

o   **Validação e verificação:** Assegurar que o modelo representa com precisão o sistema real (validação) e que foi corretamente implementado (verificação). Esta etapa é crucial para estabelecer a credibilidade e a fiabilidade do modelo.

4.   **Previsão e otimização:**

o   **Previsão:** Utilização do modelo para prever estados futuros do sistema com base nos dados e tendências actuais. Isto é valioso em domínios como a previsão meteorológica, a modelação financeira e a engenharia.

o   **Otimização:** Identificar as melhores configurações ou soluções possíveis para alcançar os resultados desejados. Isto envolve a execução de várias simulações para encontrar as estratégias mais eficientes ou eficazes.

5.   **Aplicações:**

o   **Ciência e Engenharia:** A modelação informática é amplamente utilizada na física, química, biologia e engenharia para estudar sistemas complexos, conceber novos produtos e resolver problemas difíceis.

o   **Medicina:** Os modelos de sistemas biológicos podem ajudar a compreender as doenças, a desenvolver novos tratamentos e a otimizar os procedimentos médicos.

o   **Economia e Ciências Sociais:** Os modelos económicos podem prever o comportamento do mercado, enquanto os modelos sociais podem analisar o comportamento humano e as tendências da sociedade.

o   **Ciências do Ambiente:** Modelação de ecossistemas, alterações climáticas e catástrofes naturais para prever impactos e desenvolver estratégias de atenuação.

A modelação computacional é uma ferramenta essencial na ciência e engenharia modernas, fornecendo um meio para estudar, analisar e prever o comportamento de sistemas complexos. Ao tirar partido do poder dos métodos computacionais, permite que investigadores e profissionais obtenham conhecimentos mais profundos, optimizem processos e tomem decisões informadas numa vasta gama de aplicações.

1.2.   Definição de simulação computacional

A modelação informática é o processo de criação e utilização de modelos matemáticos, lógicos ou outros modelos abstractos para simular, analisar e estudar sistemas reais utilizando tecnologias informáticas. Um modelo é uma representação simplificada de um sistema ou processo real que mantém as características e interacções essenciais dos elementos do sistema, permitindo a realização de experiências e a obtenção de informações importantes sobre o comportamento do sistema.

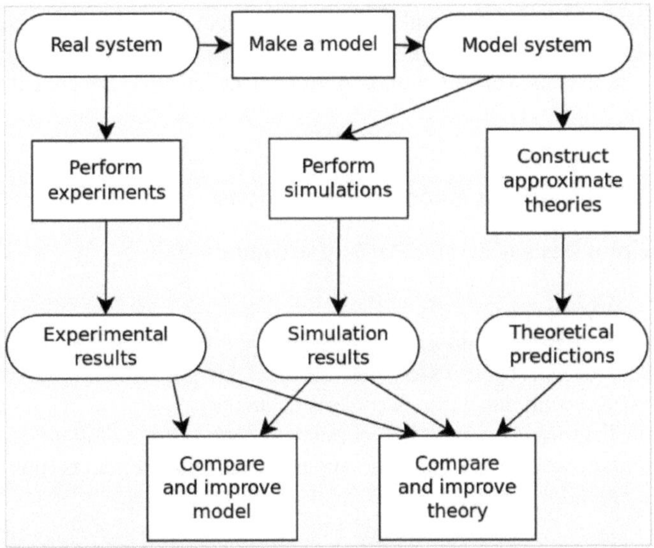

Figura 1. Processo de construção de um modelo informático e a interação entre a experiência, a simulação e a teoria

As principais fases da modelação por computador incluem:

1. **Construção do modelo:**

o **Abstração:** Selecionar e simplificar as características-chave para criar o modelo.

o **Formalização:** Definição de fórmulas matemáticas ou lógicas que descrevem as interacções entre os elementos do sistema.

2. **Simulação:**

o **Realização de experiências:** Realização de experiências virtuais no modelo para estudar o comportamento do sistema em diferentes condições.

o **Visualização:** Representação gráfica dos dados e resultados para uma melhor compreensão.

3. **Análise e otimização:**

o **Análise de dados:** Tratamento dos resultados das experiências para identificar padrões e relações de causa e efeito.

o **Otimização:** Encontrar as melhores soluções ou condições para obter resultados óptimos.

4. **Validação e verificação:**

o **Validação:** Verificar se o modelo representa corretamente o sistema real.

o **Verificação:** Garantir a correção da implementação do modelo e dos algoritmos.

A modelação computacional permite poupar recursos, aumentar a segurança, acelerar a investigação e obter resultados precisos e claros, tornando-a uma ferramenta indispensável em muitos domínios da ciência, da engenharia e da educação.

1.3. Princípios básicos e abordagens

Princípios básicos da modelação por computador:

1. **Abstração:**
o   Simplificar sistemas complexos, concentrando-se nas suas características e interacções essenciais, omitindo os pormenores menos críticos. Isto ajuda a criar modelos geríveis e fáceis de analisar.
o   Exemplo: Reduzir um ecossistema físico a um conjunto de equações que representam as relações entre os seus principais componentes (por exemplo, a dinâmica predador-presa).

2. **Iteratividade:**
o   O processo de construção de modelos envolve frequentemente iterações repetidas para aperfeiçoar e melhorar o modelo. Cada iteração ajuda a identificar e corrigir erros ou imprecisões.
o   Exemplo: Ajustar continuamente um modelo climático com base em novos dados e descobertas para melhorar a sua precisão de previsão.

3. **Validação e verificação:**
o   **Validação:** Assegurar que o modelo representa corretamente o sistema real. Isto envolve a comparação dos resultados do modelo com dados e observações do mundo real.
o   **Verificação:** Confirmação da correção dos algoritmos e do software que implementam o modelo. Trata-se de verificar se o modelo é implementado como previsto, sem quaisquer erros.
o   Exemplo: Validar um modelo de fluxo de tráfego comparando as suas previsões com os dados reais de tráfego e verificando o código do modelo quanto à sua correção lógica e computacional.

4. **Escalabilidade:**
o   A capacidade de adaptar os modelos a diferentes níveis de pormenor e a vários volumes de dados. Isto permite que o modelo seja útil para uma vasta gama de cenários e aplicações.
o   Exemplo: Um modelo financeiro escalável que pode ser utilizado tanto para o planeamento financeiro pessoal em pequena escala como para a previsão económica em grande escala.

Abordagens à modelação informática:

1. **Modelação matemática:**
o   Utilizar equações e fórmulas matemáticas para representar as relações entre os diferentes componentes de um sistema.
o   Exemplo: Equações diferenciais utilizadas para modelar a propagação de doenças em epidemiologia.

2. **Modelação baseada em agentes:**
o   Simulação das acções e interacções de agentes autónomos (entidades individuais como pessoas, animais ou organizações) para avaliar os seus efeitos no sistema como um todo.
o   Exemplo: Modelar o comportamento dos compradores num centro comercial para otimizar a disposição das lojas e melhorar a experiência do cliente.

3. **Simulação de eventos discretos:**
o   Modelação do funcionamento de um sistema como uma sequência de eventos discretos, em que cada evento ocorre num momento específico e altera o estado do sistema.
o   Exemplo: Simular o fluxo de trabalho numa fábrica para identificar estrangulamentos e melhorar a eficiência.

4. **Modelação contínua:**
o   Representação de sistemas com mudanças contínuas ao longo do tempo, frequentemente utilizando equações diferenciais.
o   Exemplo: Modelar o processo de arrefecimento de um objeto aquecido utilizando equações de transferência de calor.

5. **Modelação híbrida:**
o   Combinação de diferentes abordagens de modelação para potenciar os pontos fortes de cada uma. Isto pode proporcionar uma compreensão mais abrangente de sistemas complexos.
o   Exemplo: Integrar a modelação baseada em agentes com a simulação de eventos discretos para estudar tanto os comportamentos individuais como a dinâmica global do sistema na logística dos cuidados de saúde.

6. **Modelação orientada para os dados:**
o   Utilizar dados do mundo real para criar e aperfeiçoar modelos. Esta abordagem baseia-se fortemente na análise de dados e em técnicas de aprendizagem automática.
o   Exemplo: Criação de modelos preditivos para tendências do mercado de acções utilizando dados históricos de preços e algoritmos de aprendizagem automática.

Os princípios e abordagens da modelação computacional são essenciais para representar, simular e analisar com precisão sistemas complexos. Ao aderir a estes princípios e ao utilizar abordagens de modelação adequadas, os investigadores e profissionais podem obter conhecimentos valiosos, otimizar processos e tomar decisões informadas em vários domínios e aplicações.

1.4. História do desenvolvimento da modelação por computador

Primeiros passos

1. **Fundamentos matemáticos (antes do século XX):**

o As raízes da modelação computacional remontam ao desenvolvimento de modelos e teorias matemáticas. As principais contribuições de matemáticos como Isaac Newton e Leonhard Euler lançaram as bases para abordagens computacionais posteriores.

o Exemplo: As leis do movimento de Newton e o trabalho de Euler sobre a dinâmica dos fluidos.

Desenvolvimentos do século XX

2. **Computadores analógicos (anos 1930-1940):**

o Antes dos computadores digitais, os computadores analógicos eram utilizados para resolver equações matemáticas complexas. Estas máquinas utilizavam quantidades físicas (como a tensão eléctrica) para modelar e resolver problemas.

o Exemplo: O analisador diferencial de Vannevar Bush, que era utilizado para resolver equações diferenciais.

3. **Os computadores digitais e a Segunda Guerra Mundial (década de 1940):**

o A invenção dos computadores digitais durante a Segunda Guerra Mundial marcou um salto significativo nas capacidades computacionais. Computadores como o ENIAC (Electronic Numerical Integrator and Computer) foram inicialmente desenvolvidos para aplicações militares, como o cálculo de trajectórias de artilharia.

o Exemplo: A utilização do ENIAC para simular explosões de bombas de hidrogénio.

4. **Expansão pós-guerra e modelação inicial (década de 1950-1960):**

o Com o rápido desenvolvimento da tecnologia informática, foram criados os primeiros modelos digitais para investigação científica e engenharia. As primeiras simulações em computador foram realizadas em domínios como a meteorologia, a física e a economia.

o Exemplo: O método de Monte Carlo foi desenvolvido no Laboratório Nacional de Los Alamos para simular a difusão de neutrões.

5.   **Avanços em software e hardware (anos 1960-1970):**

o   O desenvolvimento de linguagens de programação de alto nível (como FORTRAN e COBOL) e o advento de computadores mainframe mais potentes facilitaram a modelação e as simulações mais complexas.

o   Exemplo: Os primeiros modelos climáticos foram desenvolvidos utilizando computadores mainframe para simular processos atmosféricos.

6.   **Ascensão da ciência computacional (década de 1980):**

o   A década de 1980 assistiu ao aparecimento da ciência computacional como uma disciplina distinta. O desenvolvimento de computadores pessoais e a crescente disponibilidade de capacidade de computação permitiram uma utilização mais generalizada da modelação computacional.

o   Exemplo: A análise de elementos finitos (FEA) tornou-se uma técnica padrão na engenharia para simular fenómenos físicos.

Era moderna

7.   **Computação de alto desempenho (década de 1990 até à atualidade):**

o   O crescimento exponencial da capacidade de computação, impulsionado pelos avanços na tecnologia de microprocessadores e pelo desenvolvimento de supercomputadores, permitiu a simulação de sistemas altamente complexos a escalas e resoluções sem precedentes.

o   Exemplo: A utilização de supercomputadores para modelar as alterações climáticas globais, simular a dinâmica molecular e estudar fenómenos astrofísicos.

8.   **Computação paralela e sistemas distribuídos:**

o   O desenvolvimento da computação paralela e dos sistemas distribuídos permitiu o processamento simultâneo de grandes conjuntos de dados e modelos complexos, acelerando significativamente os tempos de computação.

o   Exemplo: O projeto SETI@home, que utiliza a computação distribuída para analisar sinais de rádio em busca de sinais de inteligência extraterrestre.

9.   **Integração da IA e da aprendizagem automática (década de 2010 até à atualidade):**

o   A integração da inteligência artificial e das técnicas de aprendizagem automática na modelação informática revolucionou a modelação preditiva e a análise de dados. Os modelos orientados para a IA podem identificar padrões e fazer previsões com base em grandes quantidades de dados.

o   Exemplo: Modelos de IA utilizados na genómica para prever o impacto das variações genéticas nas doenças.

10.   **Tendências futuras:**

o   O futuro da modelação computacional será provavelmente moldado pela computação quântica, que promete resolver certos tipos de problemas complexos muito mais rapidamente do que os computadores clássicos.

o   Exemplo: Os computadores quânticos podem potencialmente revolucionar domínios como a criptografia, a ciência dos materiais e a descoberta de medicamentos, modelando as interacções moleculares a nível atómico.

A história da modelação computacional é marcada por avanços contínuos na matemática, na tecnologia informática e no desenvolvimento de software. Desde os primeiros computadores analógicos até às modernas simulações integradas em IA, cada era contribuiu para a crescente capacidade e sofisticação da modelação computacional, tornando-a uma ferramenta indispensável na investigação científica, na engenharia e em muitos outros domínios.

1.4.1. As principais etapas do desenvolvimento da modelação informática

1.   Fundamentos teóricos iniciais

Antes do século XX:

- **Fundamentos matemáticos:** Os fundamentos teóricos foram lançados por matemáticos como Isaac Newton (leis do movimento) e Leonhard Euler (dinâmica dos fluidos).
- **Modelos analíticos:** Os primeiros modelos eram puramente matemáticos, utilizando equações para representar fenómenos físicos.

2.   Computadores analógicos (anos 1930-1940)

- **Computadores analógicos mecânicos:** Dispositivos como o analisador diferencial de Vannevar Bush utilizavam componentes mecânicos para resolver equações diferenciais.
- **Computadores analógicos eléctricos:** Utilizavam tensões eléctricas para representar quantidades físicas e resolver problemas matemáticos.

3.   Revolução digital e Segunda Guerra Mundial (década de 1940)

- **Invenção dos computadores digitais:** Desenvolvimento dos primeiros computadores digitais, como o ENIAC, inicialmente utilizados para fins militares, como o cálculo de trajectórias de artilharia.
- **Simulações iniciais:** Os computadores digitais começaram a ser utilizados para simulações básicas, como as simulações de explosões de bombas nucleares em Los Alamos.

4.   Expansão pós-guerra e início da modelação digital (anos 1950-1960)
- **Computadores mainframe:** O aumento da capacidade de computação dos mainframes permitiu modelos e simulações mais complexos.

- **Desenvolvimento de linguagens de programação:** A introdução de linguagens de programação de alto nível, como o FORTRAN, facilitou a criação de modelos mais sofisticados.
- **Simulações de Monte Carlo:** Utilização precoce de métodos probabilísticos para simular sistemas físicos e financeiros.

5. Avanços em software e hardware (década de 1960-1970)

- **Desenvolvimento de software de alto nível:** Surgimento de software especializado para modelação e simulação.
- **Análise de elementos finitos (FEA):** Tornou-se uma técnica padrão em engenharia, permitindo simulações detalhadas de fenómenos físicos.
- **Modelos meteorológicos e climáticos:** Foram desenvolvidos os primeiros modelos para simular os processos atmosféricos, lançando as bases para a ciência climática moderna.

6. Ascensão da ciência computacional (década de 1980)

- **Computadores pessoais:** Aumento da acessibilidade da capacidade de computação com a proliferação de computadores pessoais.
- **Dinâmica de fluidos computacional (CFD):** Avançado de forma significativa, permitindo simulações detalhadas do fluxo de fluidos em várias aplicações de engenharia.
- **Integração no ensino:** A modelação computacional começou a ser integrada nos currículos de ciências e engenharia.

7. Computação de alto desempenho (década de 1990 até à atualidade)

- **Supercomputadores:** Utilização de supercomputadores para simulações extremamente complexas, como modelos climáticos globais e dinâmica molecular.
- **Computação paralela:** Desenvolvimento de técnicas de computação paralela para tratar eficientemente simulações em grande escala.
- **Computação em grelha:** Os sistemas de computação distribuída, como o SETI@home, permitiram esforços computacionais colectivos em vários locais.

8. Integração da IA e da aprendizagem automática (década de 2010 até à atualidade)

- **Modelos baseados em IA:** Utilização da inteligência artificial e da aprendizagem automática para melhorar a modelação preditiva e a análise de dados.
- **Integração de grandes volumes de dados:** Tirar partido de grandes conjuntos de dados para obter modelos mais exactos e abrangentes.

- **Modelos híbridos:** Combinação de técnicas de modelação tradicionais com IA para melhorar a precisão e as capacidades de previsão.

9. Tecnologias emergentes e tendências futuras

- **Computação quântica:** Potencial para revolucionar a modelação, resolvendo problemas complexos muito mais rapidamente do que os computadores clássicos.
- **Computação em nuvem:** Aumento da utilização de plataformas de nuvem para soluções de modelação escaláveis e acessíveis.
- **Internet das Coisas (IoT):** Integração de dados em tempo real de dispositivos IoT em modelos para simulações dinâmicas e adaptativas.

O desenvolvimento da modelação computacional evoluiu através de várias fases fundamentais, desde os primeiros fundamentos teóricos e os computadores analógicos até à revolução digital e à integração de técnicas avançadas de IA e de aprendizagem automática. Cada fase contribuiu para o aumento da complexidade, precisão e aplicabilidade dos modelos computacionais, tornando-os ferramentas indispensáveis numa vasta gama de aplicações científicas, de engenharia e práticas.

1.4.2. Cientistas famosos e os seus contributos

Isaac Newton (1643-1727)

- **Contributo:** Estabeleceu os princípios fundamentais da mecânica clássica com as suas leis do movimento e da gravitação universal.
- **Impacto:** O trabalho de Newton forneceu o quadro matemático para a modelação de sistemas físicos, influenciando o desenvolvimento de equações diferenciais utilizadas em simulações.

Leonhard Euler (1707-1783)

- **Contribuição:** Contribuiu significativamente para a dinâmica dos fluidos, a mecânica e a formulação de equações diferenciais.
- **Impacto:** As equações de Euler para o escoamento de fluidos e o seu trabalho sobre a mecânica dos corpos rígidos são essenciais para várias simulações físicas e de engenharia.

John von Neumann (1903-1957)

- **Contribuição:** Pioneiro no desenvolvimento da arquitetura de computadores e do método de Monte Carlo.

- **Impacto:** O trabalho de Von Neumann sobre a arquitetura dos computadores digitais e o método de Monte Carlo constituiu a base das simulações estocásticas e da resolução de problemas numéricos.

Alan Turing (1912-1954)

- **Contributo:** Desenvolveu o conceito de máquina de Turing e contribuiu para o desenvolvimento inicial da ciência da computação e da inteligência artificial.
- **Impacto:** O trabalho teórico de Turing lançou as bases da teoria computacional e do desenvolvimento de algoritmos utilizados na modelação computacional.

Stanislaw Ulam (1909-1984)

- **Contribuição:** Co-inventor do método de Monte Carlo.
- **Impacto:** O método de Monte Carlo, desenvolvido com John von Neumann, é amplamente utilizado para modelação probabilística e simulações em vários domínios, incluindo a física, as finanças e a biologia.

Vannevar Bush (1890-1974)

- **Contribuição:** Desenvolveu o analisador diferencial, um dos primeiros computadores analógicos.
- **Impacto:** O trabalho de Bush sobre computação analógica proporcionou um meio de resolver equações diferenciais antes do advento dos computadores digitais, influenciando as primeiras técnicas de modelação computacional.

Jay Forrester (1918-2016)

- **Contribuição:** Pioneiro da dinâmica de sistemas e criador dos primeiros modelos de dinâmica de sistemas baseados em computador.
- **Impacto:** O trabalho da Forrester em dinâmica de sistemas tem sido fundamental para a modelação de sistemas complexos, particularmente em economia e comportamento organizacional.

John McCarthy (1927-2011)

- **Contribuição:** Criou o termo "inteligência artificial" e desenvolveu a linguagem de programação LISP.
- **Impacto:** As contribuições de McCarthy para a IA e a informática tiveram um impacto profundo no desenvolvimento de modelos e simulações inteligentes.

Edward Lorenz (1917-2008)

- **Contribuição:** Fundador da teoria do caos e pioneiro na modelação meteorológica.
- **Impacto:** O trabalho de Lorenz sobre o caos determinístico e o desenvolvimento dos primeiros modelos climáticos fizeram avançar significativamente o domínio da previsão meteorológica e da modelação de sistemas dinâmicos.

Stephen Wolfram (1959-presente)

- **Contribuição:** Criador do Mathematica e autor de "A New Kind of Science".
- **Impacto:** O trabalho de Wolfram sobre autómatos celulares e o desenvolvimento do Mathematica forneceram ferramentas poderosas para modelação e simulação matemática.

Kenneth Arrow (1921-2017)

- **Contribuição:** Economista conhecido pelo teorema da impossibilidade de Arrow e pelos seus contributos para a teoria do equilíbrio geral.
- **Impacto:** O trabalho de Arrow foi fundamental para o desenvolvimento de modelos e simulações económicas, influenciando a teoria económica moderna e a modelação de políticas.

Herbert A. Simon (1916-2001)

- **Contribuição:** Pioneiro em inteligência artificial, psicologia cognitiva e sistemas complexos.
- **Impacto:** O trabalho interdisciplinar de Simon influenciou o desenvolvimento de modelos e simulações orientados para a IA na ciência cognitiva e no comportamento organizacional.

Estes cientistas fizeram contribuições inovadoras que moldaram o desenvolvimento e o avanço da modelação computacional. O seu trabalho abrange uma variedade de domínios, incluindo a matemática, as ciências da computação, a física, a economia e a inteligência artificial, lançando coletivamente as bases para as técnicas e ferramentas computacionais modernas utilizadas atualmente em simulações e modelação.

1.5.   Tipos de modelos informáticos

Os modelos informáticos podem ser classificados com base em diferentes
critérios, incluindo o seu objetivo, o método de construção e o tipo de sistema que
representam. Eis alguns dos principais tipos de modelos informáticos:

1. Modelos matemáticos

Estes modelos utilizam equações matemáticas para representar as relações
entre as diferentes variáveis de um sistema.

• Modelos determinísticos:
o   **Descrição:** Estes modelos fornecem uma saída específica para uma
determinada entrada, assumindo que não há aleatoriedade no comportamento do
sistema.
o   **Exemplo:** As leis do movimento de Newton utilizadas para prever a
trajetória de um projétil.
• Modelos estocásticos:
o   **Descrição:** Estes modelos incorporam elementos aleatórios e
probabilísticos, fornecendo uma gama de resultados possíveis em vez de uma
única previsão.
o   **Exemplo:** Simulações de Monte Carlo utilizadas na avaliação de
riscos financeiros.

2. Modelos de simulação

Estes modelos imitam o funcionamento de um processo ou sistema do
mundo real ao longo do tempo.

• Simulação de Eventos Discretos (DES):
o   **Descrição:** Modela o funcionamento de um sistema como uma
sequência de eventos individuais que ocorrem em pontos discretos no tempo.
o   **Exemplo:** Modelação do fluxo de doentes nas urgências de um
hospital.
• Simulação contínua:
o   **Descrição:** Representa sistemas com mudanças contínuas ao longo
do tempo, muitas vezes usando equações diferenciais.
o   **Exemplo:** Modelos climáticos que simulam processos atmosféricos
e oceânicos.
• Modelação baseada em agentes (ABM):
o   **Descrição:** Simula as acções e interacções de agentes autónomos
para avaliar os seus efeitos no sistema como um todo.
o   **Exemplo:** Modelação da propagação de doenças infecciosas através
da simulação de interacções entre indivíduos.

3. Modelos baseados em dados

Estes modelos baseiam-se fortemente em dados para fazer previsões e descobrir padrões.

- **Modelos estatísticos:**
  - o **Descrição:** Utilizar métodos estatísticos para analisar dados e identificar relações entre variáveis.
  - o **Exemplo:** Modelos de regressão que prevêem os preços da habitação com base em vários factores como a localização, o tamanho e as comodidades.
- **Modelos de aprendizagem automática:**
  - o **Descrição:** Utilizar algoritmos para aprender padrões a partir de grandes conjuntos de dados e fazer previsões ou tomar decisões sem ser explicitamente programado para tarefas específicas.
  - o **Exemplo:** Redes neuronais utilizadas para reconhecimento de imagens e processamento de linguagem natural.

4. Modelos físicos

Estes modelos utilizam representações físicas para simular sistemas, frequentemente a uma escala mais pequena.

- **Modelos à escala:**
  - o **Descrição:** Réplicas físicas de sistemas utilizados para testes e análises.
  - o **Exemplo:** Modelos de aeronaves em túnel de vento para estudar as propriedades aerodinâmicas.

5. Modelos híbridos

Estes modelos combinam elementos de diferentes tipos de modelos para potenciar os pontos fortes de cada um.

- **Descrição:** Integrar diferentes abordagens de modelação para fornecer uma análise mais abrangente.
- **Exemplo:** Combinar a modelação baseada em agentes com a simulação de eventos discretos para estudar os comportamentos individuais e a dinâmica do sistema na logística dos cuidados de saúde.

6. Modelos especializados

Estes modelos são adaptados a aplicações ou domínios específicos.

- **Modelos económicos:**
  - o **Descrição:** Representar processos e interacções económicas.

o   **Exemplo:** Modelos de equilíbrio geral utilizados para analisar o impacto das políticas económicas.

• **Modelos ambientais:**

o   **Descrição:** Simular sistemas e processos ambientais.

o   **Exemplo:** Modelos hidrológicos que prevêem o fluxo e a distribuição da água numa bacia hidrográfica.

• **Modelos de engenharia:**

o   **Descrição:** Utilizado para conceber, analisar e otimizar sistemas de engenharia.

o   **Exemplo:** Modelos de análise de elementos finitos (FEA) utilizados em engenharia estrutural para simular tensões e deformações em materiais.

A diversidade dos modelos informáticos reflecte a complexidade e a variedade dos sistemas do mundo real que pretendem representar. Ao selecionar o tipo de modelo adequado, os investigadores e profissionais podem obter informações valiosas, fazer previsões e otimizar sistemas em vários domínios de estudo e aplicação.

1.5.1. Exemplos de aplicação em vários domínios

A modelação computacional é amplamente utilizada em vários domínios para simular, prever e analisar sistemas complexos. Eis alguns exemplos de como a modelação computacional é aplicada em vários domínios:

1. Engenharia

• **Engenharia de estruturas:**

o   **Análise de elementos finitos (FEA):** Utilizada para simular a tensão, o esforço e a deformação de estruturas como pontes, edifícios e componentes mecânicos sob várias condições de carga.

o   **Exemplo:** Modelação da integridade estrutural de um arranha-céus para garantir que pode resistir a terramotos e ventos fortes.

• **Engenharia civil:**

o   **Modelação do fluxo de tráfego:** Utilizada para conceber e otimizar sistemas de gestão de tráfego e redes rodoviárias.

o   **Exemplo:** Simulação de padrões de tráfego numa cidade para reduzir o congestionamento e melhorar o fluxo durante as horas de ponta.

• **Engenharia eléctrica:**

o   **Simulação de circuitos:** Utilizada para conceber e testar circuitos electrónicos antes da construção de protótipos físicos.

o   **Exemplo:** Simular o desempenho de uma nova conceção de microprocessador para garantir que cumpre os requisitos de potência e velocidade.

2. Medicina e cuidados de saúde

• Engenharia Biomédica:

o   **Imagiologia médica:** Simulações utilizadas para reconstruir imagens a partir de dados brutos em técnicas como a ressonância magnética e a tomografia computorizada.

o   **Exemplo:** Criação de modelos 3D de órgãos e tecidos para ajudar no diagnóstico e no planeamento cirúrgico.

• Epidemiologia:

o   **Modelos de propagação de doenças:** Utilizados para prever a propagação de doenças infecciosas e avaliar estratégias de intervenção.

o   **Exemplo:** Modelação da propagação da COVID-19 para determinar o impacto das medidas de distanciamento social e das campanhas de vacinação.

• Farmacologia:

o   **Modelos de interação de medicamentos:** Simulação da forma como os novos medicamentos interagem com os sistemas biológicos.

o   **Exemplo:** Prever a eficácia e os potenciais efeitos secundários de um novo medicamento contra o cancro antes dos ensaios clínicos.

3. Ciências do ambiente

• Ciência do clima:

o   **Modelos climáticos globais (GCM):** Utilizados para simular e prever as alterações climáticas e os seus impactos nos padrões climáticos globais.

o   **Exemplo:** Modelação dos efeitos do aumento das emissões de gases com efeito de estufa nas temperaturas globais e na subida do nível do mar.

• Hidrologia:

o   **Modelos de recursos hídricos:** Simulação do fluxo e distribuição de água em bacias hidrográficas e aquíferos.

o   **Exemplo:** Prever o impacto da seca na disponibilidade de água numa região.

• Ecologia:

o   **Modelos de ecossistemas:** Utilizados para compreender e prever a dinâmica dos ecossistemas e o impacto das alterações ambientais.

o   **Exemplo:** Modelação do impacto da desflorestação na biodiversidade e no sequestro de carbono.

4. Economia e finanças

• Modelos Macroeconómicos:

o   **Simulação de políticas económicas:** Utilizada para prever os efeitos das políticas fiscais e monetárias nas economias nacionais.

o   **Exemplo:** Analisar o impacto de uma proposta de reforma fiscal no crescimento do PIB e nas taxas de desemprego.

• Modelação do risco financeiro:

o   **Gestão de carteiras:** Simular o desempenho de carteiras de investimento em diferentes condições de mercado.

o   **Exemplo:** Utilizar simulações de Monte Carlo para avaliar o risco e o retorno de diferentes alocações de activos.

- **Análise de mercado:**

o   **Modelos baseados em agentes:** Simulação do comportamento dos consumidores e das empresas nos mercados.

o   **Exemplo:** Modelação da dinâmica dos mercados imobiliários para prever tendências e bolhas de preços.

5. Ciências sociais

- **Sociologia:**

o   **Análise de redes sociais:** Simulação da disseminação de informação, comportamentos e influência social através de redes.

o   **Exemplo:** Estudar o impacto das redes sociais na mobilização política e na opinião pública.

- **Planeamento urbano:**

o   **Modelos de crescimento urbano:** Prever o desenvolvimento de áreas urbanas e as necessidades de infra-estruturas.

o   **Exemplo:** Modelação da futura expansão de uma cidade para planear os transportes, a habitação e os serviços públicos.

- **Psicologia:**

o   **Modelos Cognitivos:** Simulação dos processos cognitivos e do comportamento humano.

o   **Exemplo:** Modelação de processos de tomada de decisão para compreender os enviesamentos e a heurística no comportamento humano.

6. Indústria e fabrico

- **Conceção do produto:**

o   **Software CAD e CAE:** Utilizado para conceber e testar virtualmente novos produtos antes do fabrico.

o   **Exemplo:** Simular as propriedades aerodinâmicas de um novo design de automóvel para melhorar a eficiência e o desempenho do combustível.

- **Gestão da cadeia de abastecimento:**

o   **Modelos logísticos:** Otimização do fluxo de bens e materiais através das cadeias de abastecimento.

o   **Exemplo:** Modelação dos níveis de inventário e dos itinerários de transporte para minimizar os custos e melhorar os prazos de entrega.

- **Engenharia de processos:**

o   **Simulação de processos químicos:** Modelação de reacções e processos químicos no fabrico.

o   **Exemplo:** Otimizar o processo de produção numa fábrica de produtos químicos para aumentar o rendimento e reduzir o desperdício.

7. Aeroespacial e Defesa

• **Simulação de voo:**

o **Conceção de aeronaves:** Utilização de simulações para testar a aerodinâmica e o desempenho de novos projectos de aeronaves.

o **Exemplo:** Simular as características de voo de um novo jato comercial para garantir a segurança e a eficiência.

• **Estratégia militar:**

o **Simulações de combate:** Modelação de cenários de campo de batalha para desenvolver e avaliar estratégias militares.

o **Exemplo:** Simulação de movimentos de tropas e logística numa zona de conflito para planear operações e avaliar riscos.

• **Exploração espacial:**

o **Mecânica orbital:** Simulação das trajectórias e operações de veículos espaciais.

o **Exemplo:** Planeamento de missões a Marte através da modelação da trajetória da nave espacial e dos requisitos de combustível.

A modelação informática é uma ferramenta essencial numa vasta gama de domínios, ajudando a simular, prever e otimizar sistemas e processos complexos. Ao utilizar vários tipos de modelos, os investigadores e profissionais podem obter informações valiosas, melhorar a tomada de decisões e aumentar a eficiência e eficácia do seu trabalho.

1.5.2. Exemplos de aplicação na educação (em informática)

A modelação computacional é cada vez mais utilizada na educação para melhorar as experiências de ensino e aprendizagem em várias disciplinas. Eis alguns exemplos de como a modelação computacional é aplicada na educação:

1. Educação científica

• **Física:**

o **Laboratórios e simulações virtuais:** Os alunos podem realizar experiências num ambiente virtual, explorando conceitos como movimento, eletricidade e magnetismo sem a necessidade de equipamento de laboratório físico.

o **Exemplo:** Simular o comportamento de pêndulos, circuitos e interferência de ondas para compreender melhor os princípios subjacentes.

• **Química:**

o **Modelação molecular:** Software que permite aos alunos visualizar e manipular estruturas moleculares, compreendendo as ligações químicas e as reacções a nível molecular.

o   **Exemplo:** Utilizar modelos 3D para estudar a estrutura de moléculas complexas e prever os resultados de reacções químicas.

- **Biologia:**

o   **Simulações de ecossistemas:** Modelos que simulam sistemas ecológicos e interacções entre espécies, ajudando os alunos a compreender conceitos como teias alimentares, dinâmica populacional e impactos ambientais.

o   **Exemplo:** Simular os efeitos da poluição num ecossistema de água doce para estudar o equilíbrio ecológico e a conservação.

2. Educação matemática

- **Calculadoras gráficas e software:**

o   **Visualização dinâmica:** Ferramentas que permitem aos alunos visualizar conceitos matemáticos como funções, derivadas e integrais de forma dinâmica.

o   **Exemplo:** Utilizar software de gráficos para traçar equações complexas e observar alterações em tempo real à medida que as variáveis são ajustadas.

- **Modelação estatística:**

o   **Análise de dados:** Software que ajuda os alunos a aprender métodos estatísticos e a aplicá-los a conjuntos de dados do mundo real.

o   **Exemplo:** Analisar dados de inquéritos utilizando software estatístico para compreender as medidas de tendência central e de variabilidade.

3. Formação em engenharia

- **Software CAD e de simulação:**

o   **Conceção e ensaio:** Os alunos utilizam software de conceção assistida por computador (CAD) para criar modelos de peças e sistemas mecânicos e, em seguida, simular o seu desempenho em várias condições.

o   **Exemplo:** Projetar uma ponte em software CAD e simular testes de esforço para garantir a sua integridade estrutural.

- **Robótica:**

o   **Programação e simulação:** Os alunos podem programar e simular robôs para compreender os princípios da robótica e da automação.

o   **Exemplo:** Utilização de software de simulação para conceber e testar movimentos robóticos antes de os implementar em robôs físicos.

4. Educação em Geografia e Ciências do Ambiente

- **Sistemas de Informação Geográfica (SIG):**

o   **Análise espacial:** Os alunos utilizam software GIS para analisar dados espaciais e criar mapas, ajudando-os a compreender padrões geográficos e questões ambientais.

o   **Exemplo:** Mapear e analisar a propagação de incêndios florestais e o seu impacto nas comunidades e nos ecossistemas.

• **Modelação climática:**

o   **Simulação do tempo e do clima:** Simulações que ajudam os alunos a compreender os padrões meteorológicos, as alterações climáticas e os impactos ambientais.

o   **Exemplo:** Utilização de modelos climáticos para estudar os efeitos das emissões de gases com efeito de estufa nas temperaturas globais e no nível do mar.

5. Educação médica e sanitária

• **Anatomia e Fisiologia:**

o   **Modelação 3D:** Os modelos 3D interactivos do corpo humano permitem aos alunos explorar a anatomia em pormenor, compreendendo a estrutura e a função dos diferentes órgãos e sistemas.

o   **Exemplo:** Utilização de software de anatomia 3D para dissecar cadáveres virtuais e estudar os sistemas esquelético e muscular humanos.

• **Simulação de doentes:**

o   **Pacientes virtuais:** Simulações que permitem aos estudantes de medicina diagnosticar e tratar doentes virtuais, melhorando as suas competências clínicas num ambiente sem riscos.

o   **Exemplo:** Simulação de cenários de emergência médica para praticar procedimentos como RCP, entubação e administração de medicamentos.

6. Educação em Ciências Sociais e Humanas

• **Simulações históricas:**

o   **Linhas cronológicas e eventos interactivos:** Simulações que permitem aos alunos explorar acontecimentos históricos e compreender as suas causas e efeitos.

o   **Exemplo:** Simular os acontecimentos que conduziram à Primeira Guerra Mundial para estudar a complexa interação de factores políticos, sociais e económicos.

• **Estudos sociológicos:**

o   **Modelos de comportamento social:** Simulações que ajudam os alunos a compreender a dinâmica social, o comportamento de grupo e as interacções culturais.

o   **Exemplo:** Modelação de redes sociais para estudar a difusão de informação e influência nas comunidades.

7. Educação económica e empresarial

• **Simulações de mercado:**

o **Modelação económica:** Os alunos podem simular condições de mercado, comércio e políticas económicas para compreender o seu impacto nas economias.

o **Exemplo:** Simular os efeitos de uma alteração das taxas de juro sobre a inflação, o desemprego e o PIB.

• **Gestão de operações:**

o **Simulações de cadeias de abastecimento:** Modelação do fluxo de bens e serviços numa cadeia de abastecimento para otimizar as operações e compreender os desafios logísticos.

o **Exemplo:** Utilização de simulações para otimizar os níveis de inventário e reduzir os custos num processo de fabrico.

8. Programação e ensino de informática

• **Simulações de algoritmos:**

o **Ambientes interactivos de codificação:** Ferramentas que permitem aos alunos visualizar e testar algoritmos, compreendendo a sua eficiência e aplicações.

o **Exemplo:** Simular algoritmos de ordenação para ver como lidam com diferentes tipos de dados e medir o seu desempenho.

• **Aprendizagem baseada em jogos:**

o **Jogos educativos:** Jogos que ensinam conceitos de programação e lógica através de desafios interactivos e envolventes.

o **Exemplo:** Utilizar plataformas baseadas em jogos para ensinar os alunos a programar, resolvendo puzzles e criando os seus próprios jogos.

A modelação computacional no ensino da informática proporciona aos estudantes uma experiência prática na compreensão e aplicação de conceitos computacionais complexos. Eis alguns exemplos de como a modelação computacional é aplicada no ensino da informática:

1. Programação e desenvolvimento de software

• **Visualização de algoritmos:**

o **Descrição:** Ferramentas que ajudam os alunos a visualizar a execução de algoritmos passo a passo.

o **Exemplo:** Utilizar ferramentas como o Visualgo ou o Python Tutor para ver como funcionam os algoritmos de ordenação, a recursão e as estruturas de dados.

• **Ambientes de desenvolvimento integrado (IDEs):**

o **Descrição:** Ambientes que fornecem funcionalidades como o preenchimento de código, a depuração e a simulação.

o **Exemplo:** Utilizar IDEs como o Eclipse ou o Visual Studio para escrever, testar e depurar código, permitindo aos alunos simular tarefas de programação do mundo real.

2. Gestão de bases de dados

• Simulação de bases de dados:

o   **Descrição:** Ambientes simulados para aprendizagem de gestão de bases de dados, SQL e manipulação de dados.

o   **Exemplo:** Utilizar o SQLFiddle ou o DB Browser para SQLite para criar, consultar e gerir bases de dados.

• Modelação de dados:

o   **Descrição:** Ferramentas para projetar e simular modelos de dados e esquemas.

o   **Exemplo:** Utilizar o ER/Studio ou o Lucidchart para criar diagramas Entidade-Relacionamento e visualizar estruturas de bases de dados.

3. Cibersegurança

• Simulação de rede:

o   **Descrição:** Redes simuladas para estudo de configurações de rede, protocolos e medidas de segurança.

o   **Exemplo:** Utilização do Cisco Packet Tracer ou do GNS3 para criar e testar configurações de rede e configurações de segurança.

• Laboratórios de testes de penetração:

o   **Descrição:** Ambientes virtuais onde os alunos podem praticar hacking ético e testes de penetração.

o   **Exemplo:** Utilizar plataformas como Hack The Box ou CyberSkyline para aprender sobre vulnerabilidades e defesas de cibersegurança.

4. Inteligência artificial e aprendizagem automática

• Simulações de aprendizagem automática:

o   **Descrição:** Plataformas que permitem aos estudantes construir, treinar e testar modelos de aprendizagem automática.

o   **Exemplo:** Utilizar o TensorFlow Playground ou o Google Colab para fazer experiências com redes neuronais e outros algoritmos de aprendizagem automática.

• Ambientes de desenvolvimento de IA:

o   **Descrição:** Ferramentas integradas para desenvolver e simular aplicações de IA.

o   **Exemplo:** Utilizar o IBM Watson Studio ou o Microsoft Azure Machine Learning Studio para criar e implementar modelos de IA.

5. Desenvolvimento Web

• Simulação de aplicações Web:

o   **Descrição:** Ferramentas para construir e testar aplicações web num ambiente simulado.

o   **Exemplo:** Utilizar o CodePen ou o JSFiddle para desenvolver e testar código HTML, CSS e JavaScript em tempo real.

- **Teste de design responsivo:**

o   **Descrição:** Simuladores que mostram o aspeto dos sítios Web em diferentes dispositivos e tamanhos de ecrã.

o   **Exemplo:** Utilizar ferramentas como o BrowserStack ou o Responsinator para testar e depurar designs Web reactivos.

6. Ciência dos dados e grandes volumes de dados

- **Ferramentas de análise de dados:**

o   **Descrição:** Plataformas de simulação de análise e visualização de dados.

o   **Exemplo:** Utilizar Jupyter Notebooks ou RStudio para efetuar limpeza, análise e visualização de dados com Python ou R.

- **Simulação de grandes volumes de dados:**

o   **Descrição:** Ambientes para simulação de processamento e análise de big data.

o   **Exemplo:** Utilizar simulações Hadoop ou Apache Spark para compreender e gerir grandes conjuntos de dados.

7. Robótica e automatização

- **Simulação de robótica:**

o   **Descrição:** Ambientes simulados para programação e teste de sistemas robóticos.

o   **Exemplo:** Utilizar o ROS (Robot Operating System) ou os simuladores de robótica VEX para desenvolver e testar os comportamentos dos robôs.

- **Testes de automatização:**

o   **Descrição:** Ferramentas para simular tarefas e processos de automatização.

o   **Exemplo:** Utilizar o Selenium para automatizar aplicações Web ou o UiPath para a automatização de processos robóticos (RPA).

8. Desenvolvimento de jogos

- **Motores de jogo:**

o   **Descrição:** Plataformas de desenvolvimento e simulação de jogos de vídeo.

o   **Exemplo:** Utilizar o Unity ou o Unreal Engine para conceber, desenvolver e testar a mecânica e os ambientes dos jogos.

- **Realidade Virtual (RV) e Realidade Aumentada (RA):**

o   **Descrição:** Ferramentas para criar e simular aplicações de RV e RA.

o   **Exemplo:** Utilizar o Oculus Rift SDK ou o ARKit para desenvolver experiências educativas imersivas.

A utilização da modelação informática no ensino da informática proporciona aos alunos uma experiência prática valiosa, permitindo-lhes visualizar conceitos complexos, experimentar aplicações do mundo real e desenvolver competências práticas. Estas ferramentas melhoram a aprendizagem e preparam os alunos para carreiras no domínio da tecnologia da informação, que está em rápida evolução.

A aplicação da modelação computacional na educação fornece ferramentas poderosas para melhorar a aprendizagem e a compreensão numa vasta gama de disciplinas. Ao utilizar simulações e modelos interactivos, os educadores podem criar experiências de aprendizagem envolventes e eficazes que ajudam os alunos a compreender conceitos complexos e a desenvolver competências práticas.

CAPÍTULO 2. PRINCÍPIOS METODOLÓGICOS DO ENSINO DA MODELAÇÃO COMPUTACIONAL

2.1. Aspectos psicológicos e pedagógicos da educação

A educação tem aspectos psicológicos e pedagógicos que desempenham um papel crucial no processo de aprendizagem. Vejamos cada um deles separadamente.

Aspectos psicológicos da educação

1.   **Motivação**:
   o   É importante compreender o que motiva os alunos a aprender. Pode ser a motivação intrínseca (curiosidade, interesses pessoais) ou a motivação extrínseca (notas, prémios).
2.   **Desenvolvimento das capacidades cognitivas**:
   o   A educação deve promover o desenvolvimento do pensamento crítico, das capacidades analíticas e de uma abordagem criativa para a resolução de problemas.
3.   **Desenvolvimento social**:
   o   A interação com os colegas e os professores contribui para o desenvolvimento de competências sociais, como a comunicação, a cooperação e a resolução de conflitos.
4.   **Bem-estar emocional**:
   o   O conforto psicológico dos alunos afecta a sua aprendizagem. É importante criar uma atmosfera de apoio onde os alunos se sintam seguros e confiantes.
5.   **Diferenças individuais**:
   o   Ter em conta as características individuais dos alunos, como o ritmo de aprendizagem, o estilo de aprendizagem e a perceção da informação, promove uma aprendizagem mais eficaz.

Aspectos pedagógicos da educação

1.   **Métodos de ensino**:
   o   A utilização de vários métodos de ensino (aulas teóricas, aulas práticas, projectos de grupo) ajuda a satisfazer as diferentes necessidades dos estudantes e torna a aprendizagem mais cativante e eficaz.
2.   **Avaliação e feedback**:
   o   A avaliação regular e o feedback construtivo ajudam os alunos a compreender os seus pontos fortes e fracos e a identificar formas de melhorar.
3.   **Integração da tecnologia**:

o   A utilização de tecnologias modernas na educação (plataformas em linha, recursos multimédia) pode aumentar significativamente a eficácia do processo de aprendizagem e torná-lo mais interativo.

4.   **Desenvolvimento profissional dos professores**:

o   O desenvolvimento profissional e a formação contínua dos professores são fundamentais para garantir um ensino de elevada qualidade. É importante que os professores estejam a par dos métodos e abordagens mais recentes no domínio da educação.

5.   **Organização do processo de aprendizagem**:

o   O planeamento e a organização do processo de aprendizagem, incluindo a programação das aulas, o volume de trabalho e as actividades extracurriculares, são importantes para atingir os objectivos educativos.

Interligação dos aspectos psicológicos e pedagógicos

Os aspectos psicológicos e pedagógicos estão intimamente ligados. A compreensão das necessidades psicológicas dos alunos ajuda os educadores a escolher os métodos de ensino mais eficazes e uma pedagogia eficaz, por sua vez, contribui para o conforto psicológico e a motivação dos alunos.

2.1.1. Peculiaridades da perceção e assimilação do material pelos alunos

A perceção e a assimilação do material pelos alunos são influenciadas por diversos factores que variam de indivíduo para indivíduo. A compreensão destas particularidades pode ajudar os educadores a adaptarem os seus métodos de ensino para melhor satisfazerem as necessidades dos seus alunos. Eis alguns aspectos fundamentais a ter em conta:

Estilos cognitivos

1.   **Aprendizes visuais**:
o   Preferem ver a informação e visualizar as relações entre as ideias.
o   Beneficie de diagramas, gráficos, vídeos e instruções escritas.
2.   **Alunos auditivos**:
o   Aprende melhor ouvindo.
o   Beneficiar de palestras, debates, audiolivros e instruções verbais.
3.   **Alunos cinestésicos**:
o   Preferem uma abordagem prática da aprendizagem.
o   Beneficiar de actividades físicas, experiências e exemplos da vida real.

Ritmo de aprendizagem

- **Aprendizagem rápida**:
  - o   Compreender rapidamente novos conceitos e passar para tópicos mais complexos.
  - o   Pode necessitar de desafios adicionais para se manter empenhado.
- **Alunos lentos**:
  - o   Necessita de mais tempo para compreender e assimilar novas matérias.
  - o   Beneficie de repetição, explicações pormenorizadas e prática adicional.

Memória e processamento de informação

- **Memória de curto prazo**:
  - o   Importante para guardar informações temporariamente enquanto se trabalha em tarefas.
  - o   Estratégias como a fragmentação da informação e a utilização de dispositivos mnemónicos podem ajudar.
- **Memória de longo prazo**:
  - o   Crucial para armazenar informações durante períodos prolongados.
  - o   O reforço através de sessões de revisão, aplicações práticas e ligações a conhecimentos anteriores aumentam a retenção.

Capacidade de atenção

- **Pouca atenção**:
  - o   Os alunos podem ter dificuldade em concentrar-se durante longos períodos de tempo.
  - o   Beneficie de actividades curtas e variadas, pausas regulares e conteúdos interactivos.
- **Longa capacidade de atenção**:
  - o   É capaz de se concentrar em tarefas durante longos períodos.
  - o   Beneficie de discussões aprofundadas, projectos complexos e palestras abrangentes.

Motivação e empenhamento

- **Motivação Intrínseca**:
  - o   Motivados pelo interesse pessoal e por recompensas internas.
  - o   Beneficiam de temas que lhes interessam, de autonomia na aprendizagem e de oportunidades de expressão criativa.
- **Motivação extrínseca**:
  - o   Motivado por recompensas e reconhecimento externos.
  - o   Beneficiam de objectivos claros, feedback, recompensas e reconhecimento dos resultados.

Factores emocionais e psicológicos

• Níveis de confiança:

o	Uma confiança elevada pode melhorar a aprendizagem, ao passo que uma confiança baixa pode dificultá-la.

o	O encorajamento, o reforço positivo e um ambiente de aprendizagem favorável são cruciais.

• Ansiedade e stress:

o	Níveis elevados de ansiedade podem ter um impacto negativo na aprendizagem.

o	Técnicas como exercícios de relaxamento, um ambiente de aprendizagem calmo e feedback de apoio podem ajudar a reduzir a ansiedade.

Conhecimentos e experiência prévios

• Conhecimentos de base:

o	Os alunos com conhecimentos prévios sobre um tema podem assimilar mais facilmente novas informações.

o	Ligar o novo material ao que os alunos já sabem ajuda a compreensão e a retenção.

Factores sócio-culturais

• Contexto cultural:

o	As normas e valores culturais podem influenciar a forma como os alunos percepcionam e assimilam a informação.

o	Um ensino culturalmente reativo que respeite e integre os antecedentes culturais dos alunos pode melhorar a aprendizagem.

Factores físicos e ambientais

• Conforto físico:

o	A existência de lugares sentados adequados, a iluminação e a temperatura da sala de aula podem afetar a concentração e a aprendizagem.

• Ambiente de sala de aula:

o	Um ambiente bem organizado, sem distracções e rico em recursos favorece uma aprendizagem eficaz.

Ao considerar estes factores, os educadores podem criar uma experiência de aprendizagem mais inclusiva e eficaz, adaptada às diversas necessidades dos seus alunos.

2.1.2. Princípios pedagógicos do ensino

Os princípios pedagógicos são directrizes fundamentais que informam as práticas e estratégias de ensino para criar experiências de aprendizagem eficazes. Eis alguns dos princípios pedagógicos fundamentais do ensino:

1. Aprendizagem ativa

• **Envolvimento**: Incentivar os alunos a participarem ativamente no processo de aprendizagem através de debates, actividades práticas e tarefas de resolução de problemas.

• **Aplicação**: Proporcionar oportunidades para os alunos aplicarem o que aprenderam em cenários do mundo real ou através de exercícios práticos.

2. Aprendizagem centrada no aluno

• **Personalização**: Adaptar os métodos e materiais de ensino para satisfazer as diversas necessidades e interesses de cada aluno.

• **Autonomia**: Incentivar os alunos a assumirem a responsabilidade pela sua própria aprendizagem, oferecendo-lhes opções e promovendo competências de aprendizagem autónomas.

3. Construtivismo

• **Construção de conhecimentos**: Facilitar a aprendizagem ajudando os alunos a desenvolver os seus conhecimentos e experiências existentes.

• **Andaimes**: Prestar apoio e reduzir gradualmente a assistência à medida que os alunos se tornam mais competentes.

4. Diferenciação

• **Adaptação**: Ajustar a instrução para se adaptar a diferentes estilos de aprendizagem, ritmos e capacidades.

• **Variedade**: Utilizar uma série de métodos e materiais didácticos para chegar a todos os alunos.

5. Colaboração

• **Trabalho de grupo**: Promover a aprendizagem cooperativa através de projectos de grupo, tutoria entre pares e actividades de colaboração.

• **Comunicação**: Promover a comunicação aberta e a partilha de ideias entre os alunos e entre estes e os professores.

6. Avaliação contínua e feedback

• **Avaliação formativa**: Utilizar avaliações contínuas para monitorizar o progresso dos alunos e informar a instrução.
• **Feedback**: Fornecer feedback atempado e construtivo para ajudar os alunos a melhorar e orientar o seu processo de aprendizagem.

7. Prática reflexiva

• **Autoavaliação**: Incentivar os alunos a refletir sobre a sua própria aprendizagem e a identificar áreas a melhorar.
• **Reflexão do professor**: Os professores devem avaliar regularmente as suas práticas de ensino e procurar formas de melhorar a sua eficácia.

8. Relevância e contextualização

• **Conexões com o mundo real**: Relacionar os materiais de aprendizagem com contextos da vida real e com as experiências dos alunos para tornar a aprendizagem mais significativa.
• **Aprendizagem contextual**: Dar exemplos e cenários que sejam relevantes para os contextos culturais e sociais dos alunos.

9. Aprendizagem baseada na investigação

• **Curiosidade**: Estimular a curiosidade natural dos alunos, colocando questões desafiantes e encorajando a exploração.
• **Competências de investigação**: Ensinar os alunos a efetuar pesquisas, analisar informações e tirar conclusões.

10. Motivação e empenhamento

• **Motivação intrínseca**: Fomentar o gosto pela aprendizagem, tornando as aulas interessantes e relevantes.
• **Motivação extrínseca**: Utilizar recompensas e reconhecimento para incentivar o esforço e a realização.

11. Educação inclusiva

• **Equidade**: Assegurar que todos os alunos tenham igual acesso a oportunidades e recursos de aprendizagem.
• **Diversidade**: Respeitar e incorporar no ambiente de aprendizagem as diversas origens, perspectivas e capacidades dos alunos.

12. Integração tecnológica

• **Literacia digital**: Dotar os alunos das competências necessárias para utilizar a tecnologia de forma eficaz e responsável.

• **Melhoria**: Utilizar a tecnologia para melhorar as experiências de aprendizagem e o acesso à informação.

13. Aprendizagem experimental

• **Actividades práticas**: Envolver os alunos em tarefas e projectos práticos do mundo real.

• **Reflexão sobre a experiência**: Incentivar os alunos a refletir sobre as suas experiências e a retirar lições das mesmas.

14. Aprendizagem ao longo da vida

• **Desenvolvimento de competências**: Concentrar-se no desenvolvimento de competências que os alunos possam utilizar para além da sala de aula, como o pensamento crítico, a resolução de problemas e a comunicação eficaz.

• **Mentalidade de crescimento**: Promover a convicção de que as capacidades podem ser desenvolvidas através da dedicação e do trabalho árduo.

Ao aderir a estes princípios pedagógicos, os educadores podem criar ambientes de aprendizagem dinâmicos, inclusivos e eficazes que satisfaçam as diversas necessidades dos seus alunos e promovam um gosto pela aprendizagem ao longo da vida.

2.2. Métodos de ensino da modelação por computador

O ensino eficaz de modelação computacional requer uma variedade de métodos para abordar diferentes estilos de aprendizagem e níveis de competências. Eis alguns métodos de ensino eficazes para a modelação computacional:

1. Instrução direta

• **Palestras e demonstrações**: Comece com palestras para introduzir os principais conceitos e princípios da modelação por computador, complementados com demonstrações ao vivo utilizando software de modelação.

• **Guias passo-a-passo**: Fornece instruções detalhadas, passo a passo, para a criação de modelos básicos para ajudar os alunos a compreender as técnicas fundamentais.

2. Prática prática

• **Sessões de laboratório**: Atribuir sessões regulares de laboratório de informática onde os alunos possam praticar a modelação sob a supervisão do instrutor.

• **Tutoriais guiados**: Utilize tutoriais guiados que permitam aos alunos acompanhar e criar modelos por si próprios, garantindo que aplicam os conceitos aprendidos.

3. Aprendizagem baseada em projectos

• **Projectos do mundo real**: Atribua projectos que exijam que os alunos criem modelos baseados em cenários do mundo real, ajudando-os a aplicar os conhecimentos teóricos a problemas práticos.

• **Projectos incrementais**: Divida projectos complexos em tarefas mais pequenas, permitindo que os alunos desenvolvam as suas competências progressivamente.

4. Aprendizagem colaborativa

• **Projectos de grupo**: Incentive os alunos a trabalhar em grupo em projectos de modelação de maior dimensão, promovendo o trabalho em equipa e a troca de ideias.

• **Avaliação pelos pares**: Implementar sessões de revisão por pares onde os alunos podem criticar e aprender com os modelos uns dos outros.

5. Aprendizagem baseada em problemas

• **Estudos de casos**: Utilize estudos de casos para apresentar aos alunos problemas específicos que têm de resolver utilizando modelação computacional.

• **Simulações**: Desenvolver simulações que exijam que os alunos utilizem as suas capacidades de modelação para prever resultados e testar cenários.

6. Sala de aula invertida

• **Tarefas pré-aula**: Fornecer materiais de leitura pré-aula, tutoriais em vídeo e exercícios de software para que os alunos possam se familiarizar com os conceitos antes da aula.

• **Aplicação em sala de aula**: Utilize o tempo de aula para prática prática, resolução de problemas e exploração mais profunda de tópicos de modelação complexos.

7. Instrução em andaimes

• **Construir complexidade**: Comece com modelos simples e introduza gradualmente uma maior complexidade à medida que os alunos se sentem mais à vontade com o software e as técnicas.

• **Recursos de apoio**: Fornecer recursos adicionais, tais como folhas de consulta, guias de referência e tutoriais em linha para apoiar a aprendizagem dos alunos.

8. Aprendizagem interactiva

• **Ferramentas de software interactivas**: Utilizar software de modelação interativo que permita aos alunos experimentar e visualizar as alterações em tempo real.

• **Plataformas em linha**: Incorporar plataformas e fóruns em linha onde os alunos possam colaborar, partilhar o seu trabalho e procurar ajuda.

9. Feedback e avaliação

• **Avaliação formativa**: Realizar regularmente questionários e mini-projectos para avaliar a compreensão dos alunos e fornecer feedback.

• **Avaliação sumativa**: Utilizar projectos e exames finais para avaliar a proficiência dos alunos em modelação por computador.

10. Palestras e seminários convidados

• **Especialistas do sector**: Convidar profissionais do sector para darem palestras e workshops, proporcionando aos alunos uma visão das aplicações reais da modelação por computador.

• **Workshops especializados**: Organizar workshops centrados em tópicos avançados ou ferramentas de software específicas para aprofundar os conhecimentos dos alunos.

11. Aprendizagem reflexiva

• **Diários de aprendizagem**: Incentivar os alunos a manterem diários onde reflectem sobre as suas experiências de aprendizagem, desafios e progressos na modelação.

• **Revisões pós-projeto**: Realizar sessões de revisão pós-projeto em que os alunos apresentam os seus modelos, discutem a sua abordagem e recebem feedback construtivo.

12. Integração com outras disciplinas

• **Projectos interdisciplinares**: Integrar projectos de modelação computacional com outras disciplinas, como a física, a engenharia, a biologia e a arquitetura, para demonstrar as suas amplas aplicações.

• **Ligações inter-curriculares**: Destacar as ligações entre a modelação computacional e outras áreas de estudo para proporcionar uma experiência de aprendizagem abrangente.

Exemplo de plano de implementação

Semana 1-2: Introdução à modelação por computador

• **Aulas teóricas** sobre as noções básicas de modelação computacional e ferramentas de software.

• **Prática prática**: Exercícios simples de modelação utilizando as funcionalidades básicas do software.

Semana 3-4: Desenvolvimento de competências

• **Tutoriais guiados** sobre a criação de modelos de nível intermédio.

• **Sessões de laboratório** para prática prática com apoio do instrutor.

Semana 5-6: Aprendizagem colaborativa e baseada em projectos

• **Projectos de grupo**: Os alunos trabalham em equipas para desenvolver modelos para estudos de casos específicos.

• **Revisão pelos pares**: Sessões em que os alunos criticam o trabalho uns dos outros.

Semana 7-8: Tópicos avançados e integração

• **Workshops** sobre técnicas e aplicações avançadas de modelação.

• **Projectos interdisciplinares**: Os alunos criam modelos que integram conceitos de outras disciplinas.

Semana 9-10: Avaliação e Reflexão

• **Projectos finais**: Os alunos realizam um projeto de modelação abrangente.

• **Análises pós-projeto** e **diários de reflexão**: Os alunos apresentam os seus projectos e reflectem sobre o seu percurso de aprendizagem.

Ao utilizar uma combinação destes métodos de ensino, os educadores podem criar um ambiente de aprendizagem dinâmico e eficaz que satisfaça as diversas necessidades dos alunos e os ajude a desenvolver fortes competências de modelação informática.

2.3. Abordagens modernas do ensino

As abordagens modernas ao ensino evoluíram para melhor satisfazer as necessidades de diversos alunos num mundo em rápida mudança. Estas abordagens dão ênfase ao envolvimento dos alunos, à integração da tecnologia e ao desenvolvimento do pensamento crítico e das capacidades de resolução de problemas. Eis algumas das principais abordagens modernas de ensino:

1. Aprendizagem combinada

- **Combina a aprendizagem em linha e presencial**: A aprendizagem combinada integra meios digitais em linha com métodos tradicionais de sala de aula, proporcionando uma mistura de ambos.
- **Flexibilidade**: Permite que os alunos aprendam ao seu próprio ritmo e acedam aos materiais em qualquer altura e em qualquer lugar.
- **Sala de aula invertida**: Os alunos aprendem novos conteúdos em linha, assistindo a palestras em vídeo, e depois aplicam esses conhecimentos na sala de aula através de actividades interactivas.

2. Aprendizagem baseada em projectos (PBL)

- **Problemas do mundo real**: Os alunos trabalham em projectos que abordam problemas ou desafios do mundo real.
- **Colaboração**: Incentiva o trabalho em equipa, uma vez que os alunos trabalham frequentemente em grupos para realizar projectos.
- **Pensamento crítico**: Desenvolve competências de resolução de problemas e de pensamento crítico à medida que os alunos concebem, implementam e apresentam os seus projectos.

3. Aprendizagem baseada na investigação

- **Perguntas orientadas para os alunos**: Os alunos formulam as suas próprias perguntas e procuram respostas através da investigação e da exploração.
- **Aprendizagem ativa**: Promove a curiosidade e o envolvimento ativo à medida que os alunos investigam e descobrem a informação por si próprios.
- **Pensamento reflexivo**: Incentiva os alunos a refletir sobre o seu processo de aprendizagem e os seus resultados.

4. Gamificação

- **Elementos de jogo**: Incorpora elementos de conceção de jogos, tais como pontos, distintivos e tabelas de classificação no processo de aprendizagem.
- **Motivação e envolvimento**: Aumenta a motivação e o envolvimento dos alunos através de actividades interactivas e divertidas.
- **Aprender brincando**: Proporciona um ambiente lúdico e competitivo que pode melhorar a aprendizagem e a retenção.

5. Aprendizagem personalizada

• **Instrução adaptada**: Personaliza as experiências de aprendizagem para satisfazer as necessidades, interesses e estilos de aprendizagem de cada aluno.
• **Tecnologia adaptativa**: Utiliza tecnologias de aprendizagem adaptativa que ajustam o conteúdo e o ritmo com base no desempenho do aluno.
• **Agência do aluno**: Permite que os alunos assumam o controlo dos seus próprios percursos e objectivos de aprendizagem.

6. Aprendizagem colaborativa

• **Interação entre pares**: Incentiva os alunos a trabalharem em conjunto, a partilharem ideias e a aprenderem uns com os outros.
• **Projectos de grupo**: Facilita a aprendizagem cooperativa através de projectos de grupo e actividades de colaboração.
• **Competências de comunicação**: Melhora a comunicação e as competências sociais à medida que os alunos interagem com os colegas.

7. Ensino baseado em competências (CBE)

• **Domínio de competências**: Centra-se nos alunos que demonstram o domínio de aptidões ou competências específicas e não no tempo passado nas aulas.
• **Ritmo**: Permite que os alunos progridam ao seu próprio ritmo, avançando apenas quando tiverem dominado o material.
• **Avaliação do desempenho**: Utiliza avaliações baseadas no desempenho para avaliar a competência dos alunos.

8. Aprendizagem experimental

• **Aprender fazendo**: Envolve os alunos em actividades práticas e experiências do mundo real.
• **Reflexão**: Dá ênfase à reflexão sobre as experiências para aprofundar a compreensão e a aprendizagem.
• **Visitas de estudo e estágios**: Inclui actividades como visitas de estudo, estágios e simulações.

9. Aprendizagem com recurso à tecnologia (TEL)

• **Ferramentas digitais**: Utiliza ferramentas e recursos digitais, tais como software educativo, aplicações e plataformas em linha.
• **Conteúdo interativo**: Fornece conteúdos interactivos e multimédia que aumentam o envolvimento e a compreensão.
• **Realidade virtual e aumentada**: Incorpora RV e RA para criar experiências de aprendizagem imersivas.

10. Aprendizagem social e emocional (ASE)

• **Inteligência emocional**: Centra-se no desenvolvimento da inteligência emocional dos alunos, incluindo a auto-consciência, a autorregulação e a empatia.
• **Relações positivas**: Incentiva o desenvolvimento de relações positivas e de competências sociais.
• **Bem-estar**: Promove o bem-estar geral e a saúde mental como parte da experiência educativa.

11. Desenho Universal para a Aprendizagem (UDL)

• **Educação inclusiva**: Concebe experiências de aprendizagem que são acessíveis e inclusivas para todos os alunos.
• **Meios múltiplos de representação**: Fornece várias formas de apresentação da informação para responder a diversas necessidades de aprendizagem.
• **Múltiplos meios de expressão**: Permite aos alunos demonstrar os seus conhecimentos de diferentes formas.

Exemplo de implementação de abordagens modernas

Semana 1-2: Introdução e exploração

• **Aprendizagem combinada**: Introduzir o curso com uma combinação de aulas em vídeo online e debates na sala de aula.
• **Aprendizagem baseada na investigação**: Incentivar os alunos a formularem perguntas sobre o tema e a explorarem as respostas iniciais.

Semana 3-4: Aprofundar a compreensão

• **Aprendizagem baseada em projectos**: Atribuir um projeto que exija que os alunos resolvam um problema do mundo real relacionado com o material do curso.
• **Aprendizagem em colaboração**: Organize sessões de trabalho de grupo em que os alunos colaborem nos seus projectos.

Semana 5-6: Aplicação e Reflexão

• **Aprendizagem experimental**: Realizar visitas de estudo ou simulações virtuais relacionadas com o projeto.
• **Pensamento reflexivo**: Peça aos alunos que mantenham diários de aprendizagem para reflectirem sobre as suas experiências e o que aprenderam.

Semana 7-8: Domínio e avaliação

• **Ensino baseado em competências**: Utilizar avaliações baseadas no desempenho para avaliar o domínio das competências por parte dos alunos.

• **Gamificação**: Implementar elementos de jogo, como questionários com pontos e tabelas de classificação, para rever conteúdos e reforçar a aprendizagem.

Ao integrar estas abordagens modernas, os educadores podem criar um ambiente de aprendizagem dinâmico, envolvente e eficaz que satisfaça as diversas necessidades dos alunos e os prepare para os desafios do futuro.

2.4. Revisão dos métodos existentes

Para avaliar os métodos de ensino existentes, é essencial compreender os seus pontos fortes e fracos e a sua aplicabilidade em diferentes contextos educativos. Segue-se uma análise de alguns métodos de ensino amplamente utilizados.

1. Lecionar

Pontos fortes:

• **Eficiência**: Permite a entrega de uma grande quantidade de informação num formato estruturado.

• **Controlo**: O instrutor pode controlar o conteúdo e o ritmo da aula.

Pontos fracos:

• **Aprendizagem passiva**: Conduz frequentemente a uma aprendizagem passiva, com um envolvimento limitado dos alunos.

• **Interação limitada**: Oportunidades mínimas de interação e feedback dos alunos.

Aplicabilidade:

• Eficaz na introdução de novos temas e na apresentação de panoramas gerais.

• Menos eficaz para desenvolver o espírito crítico e a capacidade de resolução de problemas.

2. Aprendizagem baseada no debate

Pontos fortes:

• **Envolvimento ativo**: Incentiva a participação ativa e o pensamento crítico.

• **Aprendizagem entre pares**: Facilita a aprendizagem a partir de perspectivas diversas e do feedback dos pares.

Pontos fracos:

• **Consome muito tempo**: Pode consumir muito tempo e pode não abranger todo o material planeado.
• **Dominância**: Risco de os alunos dominantes se sobreporem aos mais calmos.

Aplicabilidade:

• Ideal para temas que exigem debate, análise e síntese de ideias.
• Eficaz em turmas pequenas e médias onde a interação é controlável.

3. Aprendizagem baseada em problemas (PBL)

Pontos fortes:

• **Pensamento crítico**: Promove a resolução de problemas e as capacidades de pensamento crítico.
• **Aplicação no mundo real**: Liga a aprendizagem a cenários do mundo real.

Pontos fracos:

• **Intensivo em recursos**: Requer tempo e recursos significativos para a sua conceção e implementação.
• **Resultados variáveis**: Os resultados da aprendizagem dos alunos podem variar muito.

Aplicabilidade:

• Eficaz em disciplinas como medicina, engenharia e negócios.
• Mais adequado para estudantes avançados com alguns conhecimentos básicos.

4. Sala de aula invertida

Pontos fortes:

• **Aprendizagem ativa**: O tempo de aula é utilizado para a aprendizagem ativa e a resolução de problemas.
• **Ritmo**: Os alunos podem aprender ao seu próprio ritmo fora das aulas.

Pontos fracos:

• **Preparação**: Requer uma preparação significativa e acesso à tecnologia.
• **Responsabilização dos alunos**: Depende do facto de os alunos estarem motivados para se prepararem antes da aula.

Aplicabilidade:

• Eficaz em matérias em que a aplicação dos conhecimentos é fundamental.
• Adequado para ambientes tecnológicos com acesso a recursos digitais.

5. Aprendizagem colaborativa

Pontos fortes:

• **Trabalho em equipa**: Desenvolve competências de colaboração e comunicação.
• **Envolvimento**: Aumenta o empenhamento e a motivação dos alunos.

Pontos fracos:

• **Dinâmica de grupo**: Os conflitos de grupo ou a participação desigual podem dificultar a aprendizagem.
• **Desafios da avaliação**: É difícil avaliar de forma justa as contribuições individuais.

Aplicabilidade:

• Ideal para projectos, investigação e tarefas que exijam diversas competências.
• Eficaz na promoção de um ambiente de aprendizagem em colaboração.

6. Aprendizagem experimental

Pontos fortes:

• **Prática**: Proporciona uma experiência prática.
• **Envolvimento**: Envolve os alunos através de aplicações do mundo real.

Pontos fracos:

• **Logística**: Pode ser difícil de organizar e exigir muitos recursos.
• **Escalabilidade**: Nem sempre escalável para grandes grupos.

Aplicabilidade:

• Altamente eficaz na formação profissional, nos estágios e no trabalho de campo.
• Adequado para disciplinas que exigem competências práticas, como as ciências e as artes.

7. Aprendizagem com recurso à tecnologia

Pontos fortes:

• **Acesso e flexibilidade**: Proporciona um acesso flexível a materiais e recursos didácticos.

• **Interatividade**: Aumenta o envolvimento através de conteúdos interactivos e multimédia.

Pontos fracos:

• **Fosso digital**: O acesso à tecnologia pode ser um obstáculo para alguns alunos.

• **Distração**: Potencial de distração devido a conteúdos não educativos.

Aplicabilidade:

• Eficaz para a aprendizagem à distância e como complemento dos métodos tradicionais.

• Adequado a várias disciplinas, especialmente quando os conteúdos visuais e interactivos são benéficos.

8. Método Socrático

Pontos fortes:

• **Pensamento crítico**: Incentiva o pensamento profundo e a autorreflexão.
• **Diálogo**: Promove o diálogo e a compreensão através do questionamento.

Pontos fracos:

• **Intimidante**: Pode ser intimidante para alguns alunos.
• **Demora muito tempo**: Pode não abranger todas as matérias em profundidade.

Aplicabilidade:

• Eficaz em filosofia, direito e humanidades, onde o pensamento crítico é fundamental.
• Adequado para turmas pequenas onde a participação individual é viável.

Cada método de ensino tem os seus pontos fortes e fracos únicos e é mais adequado a contextos educativos e objectivos de aprendizagem específicos. As práticas educativas modernas integram frequentemente vários métodos para criar uma experiência de aprendizagem mais abrangente e eficaz. A adaptação dos métodos de ensino às necessidades específicas dos alunos e aos objectivos do currículo é essencial para maximizar os resultados educativos.

2.5 Ferramentas e programas para modelação computacional

Existem inúmeras ferramentas e programas disponíveis para a modelação por computador, cada um deles para diferentes domínios e objectivos. Segue-se uma lista completa de algumas ferramentas e programas de software amplamente utilizados para vários tipos de modelação por computador:

1. Modelação e animação 3D

Liquidificador

- **Descrição**: Uma suite de criação 3D de código aberto.
- **Utilizações**: modelação 3D, animação, simulação, renderização, composição e seguimento de movimentos.
- **Pontos fortes**: Gratuito, poderoso e apoiado por uma grande comunidade.

Autodesk Maya

- **Descrição**: Software de modelação e animação 3D padrão da indústria.
- **Utilizações**: Animação, efeitos visuais e desenvolvimento de jogos.
- **Pontos fortes**: Conjunto de ferramentas abrangente, amplamente utilizado no sector.

Autodesk 3ds Max

- **Descrição**: Software de modelação, animação e renderização 3D.
- **Utilizações**: Desenvolvimento de jogos, filmes e gráficos em movimento.
- **Pontos fortes**: Capacidades de modelação robustas e plugins flexíveis.

2. CAD (desenho assistido por computador)

AutoCAD

- **Descrição**: Software CAD amplamente utilizado para desenho e projeto em 2D e 3D.
- **Utilizações**: Arquitetura, engenharia, construção e fabrico.
- **Pontos fortes**: Versátil, padrão da indústria, documentação e suporte extensivos.

SolidWorks

- **Descrição**: Software CAD para modelação de sólidos.
- **Utilizações**: Conceção e engenharia de produtos.
- **Pontos fortes**: Conceção paramétrica, ferramentas de simulação robustas.

SketchUp

• **Descrição**: Software CAD de fácil utilização.
• **Utilizações**: Arquitetura, design de interiores, arquitetura paisagística.
• **Pontos fortes**: Interface intuitiva, fácil de aprender.

3. Simulação e análise

MATLAB

• **Descrição**: Linguagem e ambiente de programação de alto nível.
• **Utilizações**: Computação numérica, visualização e programação.
• **Pontos fortes**: Extensas caixas de ferramentas para diferentes aplicações, amplamente utilizadas no meio académico e na indústria.

Simulink

• **Descrição**: Ambiente de simulação e desenho baseado em modelos.
• **Utilizações**: Simulação de sistemas dinâmicos e conceção de sistemas incorporados.
• **Pontos fortes**: Integrado com o MATLAB, amplamente utilizado em engenharia.

ANSYS

• **Descrição**: Software de simulação de engenharia.
• **Utilizações**: Análise de elementos finitos (FEA), dinâmica de fluidos computacional (CFD) e simulações electromagnéticas.
• **Pontos fortes**: Capacidades de simulação abrangentes, padrão da indústria.

4. Desenvolvimento de jogos e 3D interativo

Unidade

• **Descrição**: Motor de jogo multiplataforma.
• **Utilizações**: Desenvolvimento de jogos, aplicações AR/VR, simulações interactivas.
• **Pontos fortes**: Versátil, grande armazenamento de activos, documentação extensa.

Motor Unreal

• **Descrição**: Plataforma avançada de criação 3D em tempo real.
• **Utilizações**: Desenvolvimento de jogos, visualização de arquitetura, produção de filmes.

- **Pontos fortes**: Gráficos de alta qualidade, conjunto de ferramentas poderoso.

5. Modelação científica e matemática

Wolfram Mathematica

- **Descrição**: Software computacional para cálculos simbólicos e numéricos.
- **Utilizações**: Modelação matemática, análise de dados, visualização.
- **Pontos fortes**: Poderosa computação simbólica, extensas bibliotecas.

COMSOL Multiphysics

- **Descrição**: Software de simulação multifísica.
- **Utilizações**: Simulações de engenharia, física e química.
- **Pontos fortes**: Simulações multifísicas acopladas, interface de fácil utilização.

6. Sistemas de Informação Geográfica (SIG)

ArcGIS

- **Descrição**: Software GIS abrangente.
- **Utilizações**: Cartografia, análise espacial, gestão de dados.
- **Pontos fortes**: Ferramentas extensivas para análise de dados espaciais, amplamente utilizadas no sector.

QGIS

- **Descrição**: Software SIG de código aberto.
- **Utilizações**: Cartografia, análise espacial, gestão de dados.
- **Pontos fortes**: Gratuito, fácil de utilizar, extensos plugins.

7. Aprendizagem automática e ciência dos dados

TensorFlow

- **Descrição**: Estrutura de aprendizagem automática de código aberto.
- **Utilizações**: Desenvolvimento e implementação de modelos de aprendizagem automática.
- **Pontos fortes**: Versátil, apoiado por uma grande comunidade, documentação extensa.

PyTorch

- **Descrição**: Biblioteca de aprendizagem automática de código aberto.

• **Utilizações**: Investigação e produção de aprendizagem profunda.
• **Pontos fortes**: Gráfico de computação dinâmica, amplamente utilizado na investigação.

8. Modelação de redes e sistemas

NS3 (Simulador de Rede 3)

• **Descrição**: Simulador de redes de eventos discretos.
• **Utilizações**: Investigação e educação em rede.
• **Pontos fortes**: Flexível, amplamente utilizado para fins de investigação.

OMNeT++

• **Descrição**: Ambiente de simulação de eventos discretos.
• **Utilizações**: Simulações de redes, protocolos de comunicação.
• **Pontos fortes**: Arquitetura modular, amplamente utilizada no meio académico.

9. StarUML é uma ferramenta sofisticada de modelação de software que suporta várias linguagens de modelação, tais como UML, SysML e BPMN. É particularmente popular pela sua facilidade de utilização, flexibilidade e características extensivas adaptadas à engenharia de software e à modelação de sistemas. Segue-se uma visão geral do StarUML, incluindo as suas características, pontos fortes e aplicabilidade no ensino e na indústria.

Visão geral do StarUML

Descrição

• **StarUML**: Uma ferramenta de modelação de software concebida para suportar a Linguagem de Modelação Unificada (UML) para especificar, visualizar, construir e documentar os artefactos dos sistemas de software.

Linguagens de modelação suportadas

• UML (Linguagem de Modelação Unificada)
• SysML (Linguagem de modelação de sistemas)
• BPMN (Business Process Model and Notation)
• ERD (Diagrama Entidade-Relacionamento)

Características principais

1. **Modelação**

o   **Diagramas UML**: Suporta vários diagramas UML, como Diagrama de Classe, Diagrama de Caso de Uso, Diagrama de Sequência, Diagrama de Atividade, Diagrama de Máquina de Estado e muito mais.

o   **Diagramas SysML**: Suporta diagramas de System Modeling Language para engenharia de sistemas.

o   **Diagramas BPMN**: Suporta o Business Process Model and Notation para modelação de processos empresariais.

o   **ERD**: Suporta Diagramas Entidade-Relacionamento para modelação de bases de dados.

2.   **Personalização e extensões**

o   **Gestor de extensões**: Permite aos utilizadores instalar e gerir extensões para melhorar a funcionalidade.

o   **Modelos de código**: Modelos de geração de código personalizáveis para várias linguagens de programação.

3.   **Interoperabilidade**

o   **Importação/Exportação**: Suporta a importação/exportação de modelos em vários formatos, incluindo XMI (XML Metadata Interchange) e imagens.

o   **Engenharia inversa**: Capaz de efetuar engenharia inversa para criar modelos a partir de bases de código existentes.

4.   **Colaboração**

o   **Colaboração em equipa**: Suporta funcionalidades de colaboração para trabalhar com membros da equipa, incluindo a integração do controlo de versões com o Git.

5.   **Interface do utilizador**

o   **Interface intuitiva**: Fornece uma interface intuitiva e fácil de utilizar para criar e gerir diagramas.

o   **Personalização**: Altamente personalizável para se adaptar às preferências individuais do fluxo de trabalho.

Pontos fortes

• **Fácil de utilizar**: A interface intuitiva torna-o acessível tanto para principiantes como para utilizadores avançados.

• **Abrangente**: Suporta uma vasta gama de linguagens de modelação e tipos de diagramas.

• **Extensível**: Suporte alargado para plugins e extensões para adicionar novas funcionalidades.

• **Económico**: Oferece uma versão gratuita com características essenciais e uma versão paga para funcionalidades mais avançadas.

• **Multiplataforma**: Disponível em várias plataformas, incluindo Windows, macOS e Linux.

Aplicabilidade

Educação

• **Ferramenta de ensino**: Ideal para o ensino de UML e de outras linguagens de modelação devido à sua interface de fácil utilização e ao conjunto abrangente de funcionalidades.

• **Trabalhos e projectos**: Pode ser utilizado para trabalhos e projectos de estudantes, permitindo-lhes criar modelos de qualidade profissional.

Indústria

• **Desenvolvimento de software**: Amplamente utilizado na engenharia de software para conceber e documentar a arquitetura do software.

• **Engenharia de sistemas**: Utilizado na engenharia de sistemas para modelar sistemas complexos e as suas interacções.

• **Modelação de processos empresariais**: Aplicável à modelação de processos empresariais utilizando BPMN.

Exemplos de casos de utilização

1. **Conceção de software**
   o **Diagramas de classes**: Conceber a estrutura das aplicações de software.
   o **Diagramas de sequência**: Visualização da interação entre objectos ao longo do tempo.
2. **Engenharia de sistemas**
   o **Diagramas SysML**: Modelação dos requisitos, comportamento e estrutura do sistema.
   o **Diagramas de atividade**: Representação de fluxos de trabalho e processos.
3. **Modelação de bases de dados**
   o **Diagramas ER**: Conceber e documentar esquemas de bases de dados.

Introdução ao StarUML

1. **Instalação**
   o Descarregue e instale o StarUML a partir do sítio Web oficial: StarUML.
2. **Criar um novo projeto**
   o Abra o StarUML e crie um novo projeto.
   o Seleccione o tipo de diagrama que pretende criar a partir das opções disponíveis.
3. **Adicionar elementos**
   o Utilize a caixa de ferramentas para adicionar elementos ao seu diagrama.

o   Personalizar elementos modificando as suas propriedades e relações.

4.   **Guardar e exportar**

o   Guarde o seu projeto no formato StarUML nativo.

o   Exporte diagramas como imagens ou noutros formatos para fins de documentação e apresentação.

O StarUML é uma ferramenta versátil e poderosa, tanto para fins educacionais como profissionais. O seu suporte abrangente para várias linguagens de modelação, a sua facilidade de utilização e as suas extensas funcionalidades fazem dela um recurso valioso para qualquer pessoa envolvida na modelação de software e sistemas.

A escolha da ferramenta ou programa adequado para modelação computacional depende dos requisitos específicos do projeto, do nível de especialização dos utilizadores e do campo de aplicação. Para educadores e estudantes, é muitas vezes benéfico começar com ferramentas fáceis de utilizar e amplamente suportadas antes de avançar para software mais especializado. A combinação da aprendizagem teórica com a prática na utilização destas ferramentas pode melhorar significativamente a compreensão e as competências em modelação computacional.

Descrição geral do software

Aqui está uma visão geral dos vários tipos de software categorizados com base nas suas funções e aplicações:

1. Sistemas operativos (SO)

• **Exemplos**: Windows, macOS, Linux, iOS, Android
• **Funções**: Gere os recursos informáticos de hardware e software, presta serviços para programas informáticos.

2. Suites de produtividade do Office

• **Exemplos**: Microsoft Office (Word, Excel, PowerPoint), Google Workspace (Docs, Sheets, Slides), LibreOffice
• **Funções**: Criar, editar e gerir documentos, folhas de cálculo, apresentações e muito mais.

3. Navegadores Web

• **Exemplos**: Google Chrome, Mozilla Firefox, Microsoft Edge, Safari
• **Função**: Aceder e navegar na World Wide Web, visualizar sítios Web e conteúdos multimédia.

4. Design gráfico e multimédia

- **Exemplos**: Adobe Creative Cloud (Photoshop, Illustrator, Premiere Pro), CorelDRAW, GIMP (GNU Image Manipulation Program)
- **Função**: Criar e editar gráficos, imagens, vídeos e outros conteúdos multimédia.

5. Ferramentas de desenvolvimento

- **Ambientes de Desenvolvimento Integrado (IDEs)**:
  - **Exemplos**: Visual Studio, IntelliJ IDEA, Eclipse, Xcode
  - **Funções**: Escrever, depurar e compilar código para o desenvolvimento de software.
- **Controlo de versões**:
  - **Exemplos**: Git, SVN (Subversion), Mercurial
  - **Funções**: Acompanhar as alterações aos ficheiros de código-fonte, colaborar com os membros da equipa em projectos de software.

6. Sistemas de gestão de bases de dados (SGBD)

- **Exemplos**: MySQL, PostgreSQL, base de dados Oracle, Microsoft SQL Server
- **Funções**: Criar, gerir e manipular bases de dados, armazenar e recuperar dados de forma eficiente.

7. Virtualização

- **Exemplos**: VMware, VirtualBox, Hyper-V
- **Função**: Criar e gerir máquinas virtuais (VMs), executar vários sistemas operativos numa única máquina física.

8. Gestão de projectos

- **Exemplos**: Microsoft Project, Asana, Trello, Jira
- **Funções**: Planear, organizar e acompanhar tarefas e recursos em projectos, facilitar a colaboração e a comunicação.

9. Colaboração e comunicação

- **Exemplos**: Slack, Microsoft Teams, Zoom, Google Meet
- **Função**: Facilitar a comunicação, o envio de mensagens, a videoconferência e a colaboração entre equipas e indivíduos.

10. Segurança e antivírus

- **Exemplos**: Norton Security, McAfee Antivirus, Avast, Kaspersky
- **Função**: Proteger os sistemas contra malware, vírus, acesso não autorizado e outras ameaças à segurança.

11. Software utilitário

- **Exemplos**: WinRAR, CCleaner, Dropbox, Evernote
- **Função**: Executar tarefas específicas, como compressão de ficheiros, manutenção do sistema, armazenamento na nuvem e tomada de notas.

12. Entretenimento e jogos de azar

- **Exemplos**: Steam, PlayStation Network, Xbox Live, Spotify
- **Função**: Fornecer conteúdos de entretenimento, plataformas de jogos, streaming de música e distribuição de meios digitais.

13. Software educativo

- **Exemplos**: Moodle, Khan Academy, Coursera, Duolingo
- **Funções**: Facilitar a aprendizagem em linha, fornecer recursos educativos, cursos e avaliações.

14. Software comercial e financeiro

- **Exemplos**: QuickBooks, SAP, Salesforce, Terminal Bloomberg
- **Funções**: Gerir as finanças, a contabilidade, as relações com os clientes, o planeamento de recursos empresariais (ERP) e a análise financeira.

15. Software científico e de engenharia

- **Exemplos**: MATLAB, AutoCAD, ANSYS, Mathematica
- **Funções**: Efetuar cálculos complexos, simulações, modelação e análise em disciplinas de investigação científica e engenharia.

Estas categorias englobam uma vasta gama de aplicações de software que satisfazem diferentes necessidades, desde tarefas quotidianas como a produtividade no escritório até requisitos especializados em áreas como o desenvolvimento, o design, a educação e a investigação científica. A escolha do software depende de tarefas específicas, das preferências do utilizador e do ambiente de aplicação pretendido.

Recomendações para a seleção de ferramentas

Ao selecionar ferramentas para vários fins, seja para uso pessoal, tarefas profissionais ou necessidades educativas, é essencial ter em conta vários factores para garantir que satisfazem eficazmente as suas necessidades. Eis algumas recomendações para a seleção de ferramentas:

1. Defina os seus requisitos

• **Objetivo**: Defina claramente as tarefas ou actividades para as quais necessita da ferramenta (por exemplo, codificação, design gráfico, gestão de projectos).

• **Características**: Enumere as características e funcionalidades essenciais que a ferramenta deve ter para satisfazer as suas necessidades.

• **Compatibilidade**: Assegurar a compatibilidade com o seu sistema operativo (Windows, macOS, Linux) e quaisquer requisitos específicos de hardware.

2. Investigação e comparação

• **Ler críticas**: Procure análises e comentários de utilizadores para compreender os pontos fortes e fracos da ferramenta e a experiência do utilizador.

• **Comparar alternativas**: Avalie várias ferramentas da mesma categoria para encontrar a que melhor se adapta aos seus requisitos e preferências.

• **Considerar o custo**: Avalie o custo da ferramenta, incluindo quaisquer taxas de subscrição, licenças ou compras únicas, e considere o seu orçamento.

3. Facilidade de utilização e curva de aprendizagem

• **Interface do utilizador**: Escolha ferramentas com uma interface intuitiva e fácil de utilizar que corresponda ao seu nível de proficiência.

• **Recursos de aprendizagem**: Verifique a disponibilidade de tutoriais, documentação e comunidades de utilizadores para apoio e aprendizagem.

4. Integração e compatibilidade

• **Compatibilidade**: Assegurar que a ferramenta se integra bem com outro software ou plataformas que utiliza (por exemplo, compatibilidade com formatos de ficheiro, APIs).

• **Interoperabilidade**: Considere em que medida a ferramenta suporta a colaboração e a partilha de ficheiros com outros.

5. Apoio e actualizações

• **Apoio**: Verifique a disponibilidade e a qualidade das opções de apoio ao cliente (por exemplo, serviço de assistência, fóruns, documentação).

• **Actualizações**: As actualizações e a manutenção regulares indicam um desenvolvimento e um apoio activos à ferramenta.

6. Segurança e privacidade

• **Segurança dos dados**: Considere as funcionalidades de segurança da ferramenta, as práticas de encriptação de dados e a adesão a regulamentos de privacidade.

• **Fiabilidade**: Escolha ferramentas de programadores ou empresas de renome com um historial de manutenção da confiança e segurança dos utilizadores.

7. Julgamento e avaliação

• **Testes gratuitos**: Sempre que possível, aproveite os testes gratuitos ou as demonstrações para testar a funcionalidade e a adequação da ferramenta antes de assumir um compromisso.

• **Feedback**: Recolher feedback de colegas, pares ou fontes de confiança que tenham utilizado a ferramenta para obter informações e recomendações.

Cenário de exemplo: Seleção de uma ferramenta de gestão de projectos

• **Definir necessidades**: Determine se precisa de gestão de tarefas, funcionalidades de colaboração, gráficos de Gantt, etc.

• **Pesquisa**: Compare ferramentas como o Asana, o Trello e o Jira com base em funcionalidades, opiniões de utilizadores e preços.

• **Teste**: Utilize as avaliações gratuitas para testar a usabilidade e as funcionalidades com a sua equipa antes de se comprometer.

• **Feedback**: Recolha as opiniões dos membros da equipa sobre a facilidade de utilização, a integração com os fluxos de trabalho existentes e a satisfação geral.

Seguindo estas recomendações, pode tomar decisões informadas ao selecionar ferramentas que correspondam às suas necessidades específicas e contribuam para a produtividade e eficiência das suas tarefas ou projectos.

CAPÍTULO 3. ASPECTOS PRÁTICOS DO ENSINO DA MODELAÇÃO COMPUTACIONAL

3.1. Desenvolvimento de programas e planos educativos

O desenvolvimento de programas e planos educativos envolve uma abordagem sistemática à conceção do currículo, estratégias de ensino e métodos de avaliação que se alinham com os objectivos educativos e as necessidades do aluno. Eis um quadro estruturado para o desenvolvimento de programas e planos educativos eficazes:

1. Avaliação das necessidades

• **Identificar objectivos**: Definir as metas e os objectivos educativos globais.

• **Analisar as necessidades do aluno**: Efetuar uma avaliação exaustiva dos dados demográficos, conhecimentos prévios, competências e preferências de aprendizagem dos alunos.

• **Contribuição das partes interessadas**: Recolher as contribuições dos educadores, administradores, alunos e partes interessadas da comunidade para compreender as expectativas e os requisitos.

2. Conceção do currículo

• **Quadro curricular**: Desenvolver um quadro curricular que defina o âmbito e a sequência das actividades de aprendizagem.

• **Resultados da aprendizagem**: Definir resultados de aprendizagem claros e mensuráveis, alinhados com os objectivos educativos.

• **Seleção de conteúdos**: Selecionar conteúdos, tópicos e materiais adequados com base na relevância, atualidade e normas educativas.

• **Estratégias de ensino**: Determinar métodos, técnicas e recursos de ensino eficazes para apoiar os objectivos de aprendizagem.

3. Conceção pedagógica

• **Planeamento de aulas**: Crie planos de aula detalhados que descrevam objectivos de ensino, actividades, avaliações e recursos.

• **Diferenciação**: Atender às diversas necessidades dos alunos através de instrução e experiências de aprendizagem diferenciadas.

• **Integração tecnológica**: Incorporar tecnologias educativas e ferramentas digitais para melhorar a participação e os resultados da aprendizagem.

• **Aprendizagem ativa**: Promover estratégias de aprendizagem ativa, tais como trabalho de grupo, debates e actividades práticas.

4. Apreciação e avaliação

• **Avaliação formativa**: Implementar avaliações contínuas para monitorizar o progresso dos alunos e informar os ajustes instrucionais.

• **Avaliação sumativa**: Desenvolver avaliações sumativas (por exemplo, exames, projectos) para avaliar a realização dos resultados de aprendizagem dos alunos.

• **Mecanismos de feedback**: Fornecer feedback atempado e construtivo aos alunos para apoiar o seu processo de aprendizagem.

• **Avaliação do programa**: Avaliar regularmente a eficácia do programa educativo através de feedback, análise de dados e contribuições das partes interessadas.

5. Execução e controlo

• **Plano de implementação**: Criar um calendário e um plano de ação para a implementação do programa, incluindo funções e responsabilidades.

• **Desenvolvimento profissional**: Fornecer oportunidades de formação e desenvolvimento profissional aos educadores para que estes possam efetivamente executar o programa.

• **Monitorização e apoio**: Monitorizar a implementação do programa, recolher feedback e fornecer apoio contínuo aos educadores e alunos.

6. Reflexão e revisão

• **Melhoria contínua**: Refletir sobre os resultados do programa, o feedback e os resultados da avaliação para identificar áreas a melhorar.

• **Revisão**: Atualizar e rever os programas educativos com base em dados de avaliação, tendências emergentes e feedback das partes interessadas.

Exemplo de abordagem: Desenvolvimento de um programa de ensino STEM

1.	**Avaliação das necessidades**: Identificar a necessidade de competências STEM entre os estudantes e as exigências do sector.

2.	**Conceção do currículo**: Delinear objectivos de aprendizagem STEM, selecionar tópicos relevantes (por exemplo, robótica, codificação) e alinhar com as normas educativas.

3.	**Conceção pedagógica**: Conceber actividades de aprendizagem baseadas em projectos, integrar laboratórios STEM e utilizar simulações interactivas.

4.	**Avaliação**: Utilizar tarefas de desempenho, rubricas e avaliações pelos pares para avaliar as competências STEM.

5.   **Implementação**: Formar professores em pedagogia STEM, assegurar o financiamento de recursos e estabelecer parcerias com profissionais STEM.

6.   **Avaliação**: Medir o desempenho dos alunos, recolher feedback dos professores e dos alunos e ajustar o programa com base nos resultados.

Seguindo estes passos e adaptando-os a contextos e objectivos educativos específicos, os educadores e os criadores de currículos podem criar programas educativos com impacto que promovam a aprendizagem, o envolvimento e o sucesso dos alunos.

3.2. A estrutura do currículo

A estrutura de um currículo refere-se à forma como o conteúdo educativo é organizado e apresentado para alcançar resultados de aprendizagem específicos. Normalmente, inclui vários componentes-chave que orientam o planeamento, a implementação e a avaliação de programas educativos. Aqui está um resumo dos elementos essenciais que constituem a estrutura de um currículo:

1. Metas e objectivos curriculares

• **Objectivos**: Declarações gerais que definem o objetivo global e os resultados desejados do currículo.

• **Objectivos**: Declarações específicas e mensuráveis que descrevem o que os alunos devem saber, compreender ou ser capazes de fazer depois de completarem o currículo.

2. Quadro curricular

• **Âmbito e sequência**: Define a amplitude (âmbito) e a ordem (sequência) em que o conteúdo e as competências serão ensinados nos diferentes níveis de ensino ou etapas educativas.

• **Alinhamento vertical**: Assegura a continuidade e a progressão dos objectivos de aprendizagem de um nível para o outro (por exemplo, do ensino básico para o ensino secundário).

3. Áreas temáticas e domínios de conteúdo

• **Disciplinas essenciais**: Inclui disciplinas como a matemática, as artes da linguagem, as ciências e os estudos sociais que formam a base de conhecimentos fundamentais.

• **Disciplinas electivas**: Cursos opcionais que permitem aos alunos explorar interesses específicos ou percursos profissionais.

4. Estratégias e métodos de ensino

• **Abordagens de ensino**: Métodos e estratégias pedagógicas utilizados para transmitir conteúdos e facilitar a aprendizagem (por exemplo, palestras, debates, trabalhos de grupo, actividades práticas).
• **Diferenciação**: Técnicas para atender às diversas necessidades dos alunos e estilos de aprendizagem.

5. Apreciação e avaliação

• **Avaliação formativa**: Avaliações contínuas utilizadas durante a instrução para monitorizar o progresso dos alunos e informar as estratégias de ensino.
• **Avaliação sumativa**: Avaliações de fim de unidade ou de fim de curso para avaliar a realização dos objectivos de aprendizagem pelos alunos.
• **Mecanismos de feedback**: Processos para dar feedback aos alunos sobre o seu desempenho e progresso.

6. Recursos e materiais didácticos

• **Livros didácticos e recursos**: Materiais impressos ou digitais utilizados para apoiar o ensino e a aprendizagem.
• **Integração tecnológica**: Ferramentas, software e recursos digitais incorporados para melhorar o ensino e a participação dos alunos.

7. Ligações inter-curriculares

• **Temas interdisciplinares**: Integração de temas ou tópicos em diferentes áreas disciplinares para demonstrar ligações e promover uma aprendizagem holística.
• **Aprendizagem baseada em projectos**: Oportunidades para os alunos aplicarem conhecimentos e competências de várias disciplinas para resolverem problemas do mundo real.

8. Desenvolvimento profissional

• **Formação de professores**: Programas e workshops para equipar os educadores com os conhecimentos, competências e estratégias necessárias para implementar eficazmente o currículo.
• **Colaboração**: Oportunidades para os educadores colaborarem com os seus pares, partilharem as melhores práticas e aperfeiçoarem as abordagens pedagógicas.

9. Plano de implementação do currículo

• **Cronograma e sequência**: Calendário para a realização de unidades de ensino e actividades ao longo do ano letivo.

• **Funções e responsabilidades**: Atribuição clara de funções aos responsáveis pelo desenvolvimento do currículo, administradores, professores e pessoal de apoio envolvido na implementação.

10. Acompanhamento e revisão

• **Feedback e avaliação**: Processos para recolher feedback dos interessados (por exemplo, professores, alunos, pais) e avaliar a eficácia do currículo.

• **Ciclo de revisão**: Análise e revisão regulares dos componentes curriculares com base em dados de avaliação, feedback e tendências educativas emergentes.

Exemplo de estrutura: Currículo do ensino básico

1. **Metas e objectivos**: Desenvolver competências de pensamento crítico, promover a literacia e a numeracia, fomentar o desenvolvimento sócio-emocional.

2. **Enquadramento**: Âmbito e sequência das disciplinas principais (matemática, artes da linguagem, ciências, estudos sociais) alinhados com as normas do nível de ensino.

3. **Métodos de ensino**: Aprendizagem baseada em investigação, aprendizagem cooperativa, instrução diferenciada.

4. **Avaliação**: Avaliações formativas (questionários, observações), avaliações sumativas (testes unitários, projectos).

5. **Recursos**: Livros didácticos, plataformas digitais, manipuladores e auxiliares de aprendizagem.

6. **Ligações inter-curriculares**: Integração STEM, literacia em todas as áreas de conteúdo, integração artística.

7. **Desenvolvimento profissional**: Workshops sobre novas metodologias de ensino, colaboração com especialistas curriculares.

8. **Plano de implementação**: Mapa curricular anual, planos unitários mensais, funções definidas para os coordenadores curriculares e equipas de nível escolar.

9. **Monitorização e revisão**: Revisões anuais do currículo, inquéritos de feedback, ajustamentos baseados nos resultados da avaliação e na investigação educacional.

Ao estruturar um currículo de forma eficaz, os educadores podem criar uma estrutura coesa que apoia a aprendizagem dos alunos, aborda os objectivos educacionais e adapta-se às necessidades em evolução dos alunos e da sociedade. Cada componente desempenha um papel crucial para garantir a eficácia do currículo e o seu impacto nos resultados dos alunos.

3.3. Métodos e técnicas de ensino

Os métodos e técnicas de ensino referem-se às estratégias e abordagens que os educadores utilizam para transmitir conteúdos, envolver os alunos e facilitar a aprendizagem. Os métodos de ensino eficazes atendem a diversos estilos e preferências de aprendizagem, promovendo simultaneamente a participação ativa e a compreensão. Eis uma panorâmica dos vários métodos e técnicas de ensino habitualmente utilizados em contextos educativos:

1. Método de ensino

• **Descrição**: Abordagem centrada no professor, em que este transmite a informação através de uma apresentação verbal.
• **Utilização**: Adequado para apresentar novos conceitos, teorias e fornecer contexto ou informação de base.
• **Técnicas**: Incorporar multimédia (diapositivos, vídeos), perguntas interactivas e resumo dos pontos principais.

2. Aprendizagem baseada no debate

• **Descrição**: Facilita a participação dos alunos através de discussões abertas, debates ou actividades de pequenos grupos.
• **Utilização**: Incentiva o pensamento crítico, a análise de perspectivas diversas e o desenvolvimento de competências de comunicação.
• **Técnicas**: Questionamento socrático, debates estruturados, partilha de ideias entre pares, estudos de casos.

3. Aprendizagem ativa

• **Descrição**: Abordagem centrada no aluno, em que os alunos participam ativamente no processo de aprendizagem através de actividades práticas ou de tarefas de resolução de problemas.
• **Utilização**: Aumenta a retenção, a aplicação dos conhecimentos e as capacidades de pensamento crítico.
• **Técnicas**: Aprendizagem baseada em problemas (PBL), aprendizagem baseada em projectos (PjBL), simulações, experiências, role-playing.

4. Aprendizagem cooperativa

• **Descrição**: Abordagem colaborativa em que os alunos trabalham juntos em pequenos grupos para atingir objectivos de aprendizagem partilhados.
• **Utilização**: Promove o trabalho em equipa, a aprendizagem entre pares e o desenvolvimento de competências sociais.
• **Técnicas**: Método Jigsaw, projectos de grupo, tutoria entre pares, resolução colaborativa de problemas.

5. Instrução diferenciada

• **Descrição**: Adapta métodos de ensino, conteúdo e avaliação para acomodar diversas necessidades de aprendizagem, estilos e capacidades.

• **Utilização**: Apoia a aprendizagem personalizada, assegura que todos os alunos podem aceder e ter sucesso no currículo.

• **Técnicas**: Atribuições escalonadas, contratos de aprendizagem, agrupamentos flexíveis, quadros de escolha.

6. Aprendizagem experimental

• **Descrição**: Dá ênfase à aprendizagem através da experiência direta e da reflexão sobre essas experiências.

• **Utilização**: Incentiva a aplicação prática dos conhecimentos, o desenvolvimento de competências e uma compreensão mais profunda.

• **Técnicas**: Visitas de estudo, estágios, projectos de aprendizagem-serviço, simulações de dramatização.

7. Aprendizagem com recurso à tecnologia

• **Descrição**: Integra ferramentas, recursos e plataformas digitais para apoiar e melhorar as experiências de ensino e aprendizagem.

• **Utilização**: Facilita as aulas interactivas, a instrução personalizada e o acesso a diversos materiais de aprendizagem.

• **Técnicas**: Debates em linha, laboratórios virtuais, aplicações educativas, apresentações multimédia.

8. Aprendizagem baseada na investigação

• **Descrição**: Incentiva os alunos a colocar questões, investigar tópicos e desenvolver soluções ou explicações.

• **Utilização**: Fomenta a curiosidade, o pensamento crítico e a capacidade de resolução de problemas.

• **Técnicas**: Inquérito guiado, inquérito estruturado, inquérito aberto, projectos de investigação.

9. Instrução direta

• **Descrição**: Método orientado pelo professor em que os conceitos são sistematicamente apresentados e praticados através de demonstrações e práticas guiadas.

• **Utilização**: eficaz para o ensino de competências básicas e conhecimentos processuais.

• **Técnicas**: Ensino explícito, modelação, prática guiada, verificação da compreensão.

10. Sala de aula invertida

• **Descrição**: Inverte os métodos tradicionais de ensino, fornecendo conteúdo instrucional fora da sala de aula e usando o tempo de aula para actividades, discussões e aplicação.

• **Utilização**: Promove a aprendizagem ativa, o envolvimento dos alunos e a aprendizagem ao seu próprio ritmo.

• **Técnicas**: Palestras/vídeos pré-gravados, leituras online, actividades na sala de aula, debates em grupo.

Seleção de métodos e técnicas de ensino

• **Considerar os objectivos de aprendizagem**: Escolha métodos que estejam de acordo com objectivos e resultados de aprendizagem específicos.

• **Avaliar as necessidades dos alunos**: Adaptar abordagens para acomodar as diversas necessidades, interesses e capacidades dos alunos.

• **Misturar e combinar**: Combinar diferentes métodos e técnicas para criar experiências de aprendizagem cativantes e eficazes.

• **Refletir e adaptar**: Avaliar regularmente as estratégias de ensino com base no feedback dos alunos, nos dados de desempenho e na investigação educacional.

Ao utilizar uma variedade de métodos e técnicas de ensino, os educadores podem criar ambientes de aprendizagem dinâmicos e inclusivos que apoiam o envolvimento, a motivação e o sucesso dos alunos.

3.3.1. Métodos interactivos

Os métodos interactivos de ensino são concebidos para envolver ativamente os alunos no processo de aprendizagem, incentivando-os a participar, colaborar e pensar de forma crítica. Estes métodos promovem um ambiente de aprendizagem dinâmico onde os alunos podem explorar conceitos, aplicar conhecimentos e interagir com colegas e professores. Eis alguns métodos interactivos habitualmente utilizados em contextos educativos:

1. Aprendizagem baseada em problemas (PBL)

• **Descrição**: Os alunos trabalham em colaboração para resolver problemas ou cenários do mundo real.

• **Utilização**: Promove o pensamento crítico, a capacidade de resolução de problemas e a aplicação de conhecimentos.

• **Técnicas**: Fornecer estudos de casos, simulações ou projectos com questões abertas para os alunos investigarem e resolverem.

2. Aprendizagem baseada em projectos (PjBL)

• **Descrição**: Os alunos participam em projectos alargados que envolvem uma exploração aprofundada e a criação de um produto ou solução.

• **Utilização**: Incentiva o trabalho em equipa, a criatividade e a integração de várias matérias ou disciplinas.

• **Técnicas**: Definir objectivos e etapas do projeto, permitir que os alunos escolham os tópicos do projeto e facilitar revisões periódicas e feedback.

3. Aprendizagem colaborativa

• **Descrição**: Os alunos trabalham juntos em pequenos grupos para atingir objectivos de aprendizagem comuns ou completar tarefas.

• **Utilização**: Melhora as capacidades de comunicação, o trabalho em equipa e a aprendizagem entre pares.

• **Técnicas**: Atribuir projectos ou actividades de grupo, utilizar papéis estruturados (por exemplo, facilitador, registador) e incentivar debates e reflexões de grupo.

4. Palestras interactivas

• **Descrição**: Combina o ensino tradicional com estratégias de aprendizagem ativa para envolver os alunos durante as apresentações.

• **Utilização**: Mantém a atenção dos alunos, incentiva a participação e reforça os conceitos-chave.

• **Técnicas**: Incluir perguntas, sondagens, debates e exercícios interactivos ao longo da aula para verificar a compreensão e estimular o raciocínio.

5. Sala de aula invertida

• **Descrição**: Inverte os métodos de ensino tradicionais, fornecendo conteúdos didácticos fora da sala de aula e utilizando o tempo de aula para actividades interactivas, debates e aplicações.

• **Utilização**: Promove a aprendizagem ao seu próprio ritmo, o envolvimento ativo e uma compreensão mais profunda dos conceitos.

• **Técnicas**: Atribuir leituras ou vídeos antes da aula, utilizar o tempo de aula para a resolução de problemas, debates em grupo ou actividades práticas.

6. Jogos de papéis e simulações

• **Descrição**: Os alunos assumem papéis ou cenários para simular situações do mundo real, acontecimentos históricos ou processos complexos.

• **Utilização**: Incentiva a empatia, a tomada de decisões e a compreensão de perspectivas múltiplas.

• **Técnicas**: Fornecer papéis e cenários estruturados, debater e refletir sobre os resultados e as estratégias utilizadas.

7. Jogos e gamificação

• **Descrição**: Incorpora elementos de jogo (por exemplo, pontos, níveis, recompensas) em actividades educativas para motivar e envolver os alunos.
• **Utilização**: Aumenta a motivação, promove a aprendizagem através da competição ou da colaboração e reforça o conhecimento do conteúdo.
• **Técnicas**: Utilizar jogos educativos, questionários, simulações ou plataformas em linha com funcionalidades gamificadas incorporadas.

8. Seminários Socráticos

• **Descrição**: Discussões estruturadas em que os alunos participam ativamente no diálogo, debate e análise crítica de textos ou tópicos.
• **Utilização**: Desenvolve competências de comunicação, promove a compreensão profunda e incentiva o discurso respeitoso.
• **Técnicas**: Colocar questões abertas, encorajar argumentos baseados em provas e moderar os debates para garantir a participação.

Implementar métodos interactivos de forma eficaz

• **Objectivos claros**: Alinhar as actividades interactivas com objectivos e resultados de aprendizagem específicos.
• **Estratégias de envolvimento**: Utilizar uma variedade de técnicas para manter os alunos ativamente envolvidos (por exemplo, trabalho de grupo, ferramentas tecnológicas, ensino entre pares).
• **Avaliação e feedback**: Incorporar avaliações formativas para monitorizar o progresso dos alunos e fornecer feedback atempado.
• **Reflexão e ajustamento**: Refletir sobre o envolvimento dos alunos e os resultados da aprendizagem para aperfeiçoar e melhorar os métodos interactivos ao longo do tempo.

Ao integrar métodos interactivos nas práticas de ensino, os educadores podem criar experiências de aprendizagem envolventes e significativas que promovam a participação ativa, a colaboração e uma compreensão mais profunda entre os alunos.

3.3.2. Atividade do projeto

A aprendizagem baseada em projectos (PBL) é uma abordagem eficaz em que os alunos se envolvem em projectos alargados e práticos que abordam desafios e questões do mundo real. Permite que os alunos explorem tópicos em profundidade, desenvolvam competências de pensamento crítico e apliquem os conhecimentos de forma significativa. Eis uma visão geral da aprendizagem baseada em projectos e de como estruturar eficazmente as actividades do projeto:

Visão geral da aprendizagem baseada em projectos (PBL)

1.	**Características principais:**

o	**Contexto do mundo real:** Os projectos são baseados em problemas ou cenários da vida real, tornando a aprendizagem relevante e significativa.

o	**Inquérito e exploração:** Os alunos investigam questões, pesquisam tópicos e desenvolvem soluções de forma independente ou em grupos.

o	**Colaboração:** Incentiva o trabalho em equipa, a comunicação e as competências interpessoais, uma vez que os alunos trabalham em conjunto para atingir objectivos comuns.

o	**Reflexão:** Dá ênfase à reflexão sobre o processo de aprendizagem, os resultados e o crescimento pessoal.

2.	**Benefícios:**

o	**Aprendizagem mais profunda:** Promove uma compreensão mais profunda do conteúdo através da aplicação e exploração.

o	**Envolvimento:** Aumenta a motivação e o empenho dos alunos, proporcionando-lhes autonomia e relevância.

o	**Desenvolvimento de competências:** Melhora as capacidades de pensamento crítico, resolução de problemas e criatividade.

o	**Preparação para o futuro:** Prepara os alunos para desafios e carreiras no mundo real, desenvolvendo aptidões e competências práticas.

Estruturação das actividades do projeto

1. Identificar os objectivos de aprendizagem

• **Definir objectivos:** Clarificar os objectivos específicos de aprendizagem e as competências que os alunos irão desenvolver através do projeto.

• **Alinhar-se com o currículo:** Assegurar o alinhamento com as normas curriculares e os objectivos educativos.

2. Selecionar um tema de projeto

• **Relevância:** Escolha um tópico que seja significativo e relevante para os interesses, comunidade ou currículo dos alunos.

• **Complexidade:** Equilibrar a complexidade para desafiar os alunos e, ao mesmo tempo, garantir a exequibilidade dentro do prazo estabelecido.

3. Planear as fases do projeto

• **Introdução:** Apresentar o projeto, explicar a sua relevância e definir expectativas claras.

• **Investigação e planeamento:** Orientar os alunos na realização de pesquisas, na recolha de recursos e no planeamento das etapas do projeto.

• **Implementação:** Facilitar a execução do projeto, acompanhar os progressos e fornecer orientações, se necessário.

• **Apresentação ou desenvolvimento de produtos:** Preparar os alunos para apresentar resultados, mostrar um produto ou partilhar os seus resultados de aprendizagem.

4. Disponibilizar recursos e apoio

• **Acesso à informação:** Garantir que os alunos tenham acesso a recursos, materiais e ferramentas relevantes necessários para a investigação e implementação.

• **Orientação:** Oferecer apoio e suporte através de sessões de brainstorming, pontos de controlo e ciclos de feedback.

5. Incentivar a reflexão e o feedback

• **Reflexão:** Programar sessões de reflexão regulares em que os alunos analisam os seus progressos, os desafios enfrentados e as lições aprendidas.

• **Feedback dos pares:** Incorporar oportunidades de revisão por pares e feedback construtivo sobre rascunhos ou apresentações de projectos.

6. Apreciação e avaliação

• **Critérios:** Estabelecer critérios claros para avaliar os resultados do projeto, incluindo o domínio do conteúdo, a criatividade, a colaboração e as capacidades de apresentação.

• **Avaliação formativa:** Fornecer feedback contínuo e pontos de controlo ao longo do projeto.

• **Avaliação sumativa:** Avaliar as apresentações, relatórios ou produtos finais do projeto em função dos critérios estabelecidos.

7. Celebrar e mostrar

• **Apresentação:** Organize uma sessão de apresentação final em que os alunos mostrem os seus projectos aos colegas, professores, pais ou membros da comunidade.

• **Reflexão:** Facilitar a reflexão pós-projeto para discutir os sucessos, os desafios e as áreas a melhorar.

Exemplo de atividade de projeto: Projetar uma comunidade sustentável

• **Objetivo:** Desenvolver a compreensão dos alunos sobre os conceitos de sustentabilidade e planeamento urbano.

• **Actividades:** *Pesquisar sobre práticas sustentáveis, projetar um modelo de comunidade utilizando materiais reciclados, calcular a eficiência energética e apresentar os resultados a um painel.*

• Competências desenvolvidas: Pensamento crítico, resolução de problemas, colaboração, capacidade de apresentação.

Ao estruturar eficazmente as actividades do projeto, os educadores podem promover um ambiente de apoio onde os alunos podem explorar, criar e aprender através de experiências significativas. Esta abordagem não só melhora a aprendizagem académica, como também prepara os alunos para futuros desafios nas suas carreiras e comunidades.

3.3.3. Exemplos de blocos temáticos e lições do curso de informática

Os blocos temáticos e as aulas num curso de informática podem ser estruturados para integrar vários aspectos do pensamento computacional, conceitos de programação, algoritmos e aplicações. Eis alguns exemplos de blocos temáticos e aulas correspondentes que podem ser implementados:

Exemplo 1: Tema - Introdução à programação

Visão geral do bloco temático:

• **Duração:** 4 semanas
• **Integração:** Informática, Matemática

Semana 1: Noções básicas de programação

• **Ciências informáticas:** Introdução às linguagens de programação (por exemplo, Python, Scratch).
• **Matemática:** Compreender variáveis, tipos de dados e operações básicas.
• **Atividade:** Escrever programas simples para resolver problemas matemáticos (por exemplo, calcular a sequência de Fibonacci).

Semana 2: Estruturas e funções de controlo

• **Informática:** Aprender sobre estruturas de controlo (instruções if, loops) e funções.
• **Matemática:** Explorar algoritmos e raciocínio lógico.
• **Atividade:** Implementar algoritmos (por exemplo, algoritmos de ordenação como o bubble sort) e funções em programas.

Semana 3: Estruturas de dados

• **Ciência da Computação:** Estudar estruturas de dados fundamentais (arrays, listas ligadas).
• **Matemática:** Analisar a representação e o armazenamento de dados.

• **Atividade:** Implementar estruturas de dados em programas (por exemplo, criar uma pilha ou uma fila).

Semana 4: Projeto - Jogo Interativo

• **Informática:** Aplicar os conceitos aprendidos para desenvolver um jogo interativo simples.
• **Matemática:** Utilizar conceitos matemáticos para a lógica ou a pontuação do jogo.
• **Atividade:** Conceber e implementar um jogo utilizando os princípios de programação aprendidos ao longo do bloco.

Exemplo 2: Tema - Cibersegurança e cidadania digital

Visão geral do bloco temático:

• **Duração:** 5 semanas
• **Integração:** Informática, Ética, Literacia Digital

Semana 1: Introdução à cibersegurança

• **Informática:** Definir cibersegurança, ameaças e vulnerabilidades.
• **Ética:** Discutir considerações éticas nas práticas de cibersegurança.
• **Atividade:** Analisar estudos de casos de violações de cibersegurança e o seu impacto.

Semana 2: Práticas de codificação segura

• **Ciências informáticas:** Aprender sobre princípios de codificação segura (por exemplo, validação de entrada, armazenamento seguro de dados).
• **Ética:** Discutir a importância da privacidade e da proteção de dados.
• **Atividade:** Rever e refactorizar o código para implementar práticas seguras.

Semana 3: Segurança de rede

• **Ciências informáticas:** Estudar protocolos de rede, encriptação e firewalls.
• **Ética:** Explorar questões legais e éticas relacionadas com a segurança da rede.
• **Atividade:** Simular ataques e defesas de rede (por exemplo, utilizando ferramentas de simulação de rede).

Semana 4: Cidadania digital e segurança online

• **Literacia digital:** Discutir as pegadas digitais, os comportamentos em linha e a utilização responsável da tecnologia.
• **Ética:** Analisar dilemas éticos na comunicação digital e nas interacções em linha.
• **Atividade:** Criar apresentações ou campanhas que promovam a cidadania digital e a segurança em linha.

Semana 5: Projeto - Campanha de sensibilização para a cibersegurança

• **Informática:** Aplicar conhecimentos de cibersegurança para criar uma campanha de sensibilização.
• **Ética:** Considerar as implicações e responsabilidades éticas no ensino da cibersegurança.
• **Atividade:** Desenvolver e apresentar uma campanha de sensibilização sobre cibersegurança para os seus pares ou para a comunidade.

Exemplo 3: Tema - Inteligência Artificial e Aprendizagem Automática

Visão geral do bloco temático:

• **Duração:** 6 semanas
• **Integração:** Informática, Matemática, Ética

Semana 1: Introdução à IA e à aprendizagem automática

• **Ciências informáticas:** Definir IA, aprendizagem automática e suas aplicações.
• **Matemática:** Introduzir conceitos básicos de estatística e probabilidade.
• **Atividade:** Debater exemplos de IA e de aprendizagem automática na vida quotidiana.

Semana 2: Algoritmos de aprendizagem automática

• **Ciências informáticas:** Estudar algoritmos de aprendizagem supervisionados e não supervisionados (por exemplo, regressão, agrupamento).
• **Matemática:** Explorar modelos matemáticos utilizados na aprendizagem automática.
• **Atividade:** Implementar algoritmos de aprendizagem automática utilizando Python ou outras ferramentas.

Semana 3: Ética na IA

• **Informática:** Discutir considerações éticas no desenvolvimento e implementação de IA.

• **Ética:** Analisar estudos de casos de parcialidade, justiça e transparência da IA.

• **Atividade:** Debater os dilemas éticos nas aplicações de IA (por exemplo, veículos autónomos, reconhecimento facial).

Semana 4: Processamento de linguagem natural

• **Ciências informáticas:** Explorar técnicas e algoritmos de processamento de linguagem natural (PNL).

• **Matemática:** Aplicar princípios linguísticos a tarefas de PNL (por exemplo, análise de sentimentos).

• **Atividade:** Desenvolver uma aplicação básica de PNL (por exemplo, classificação de texto, chatbot).

Semana 5: Redes neurais e aprendizagem profunda

• **Ciências informáticas:** Estudar a arquitetura das redes neuronais e os princípios da aprendizagem profunda.

• **Matemática:** Explorar conceitos de cálculo e álgebra linear utilizados em redes neuronais.

• **Atividade:** Implementar um modelo de rede neural para uma tarefa específica (por exemplo, reconhecimento de imagens).

Semana 6: Projeto - Desenvolvimento de aplicações de IA

• **Ciências informáticas:** Aplicar conceitos de IA e de aprendizagem automática para desenvolver uma aplicação de IA.

• **Ética:** Considerar as implicações éticas e o impacto social da aplicação de IA.

• **Atividade:** Conceber, implementar e apresentar um projeto de IA que demonstre os resultados da aprendizagem.

Benefícios dos blocos temáticos e das aulas de informática

• **Integração de conceitos:** Promove a aprendizagem interdisciplinar, integrando a informática com outras disciplinas como a matemática, a ética e a literacia digital.

• **Profundidade e aplicação:** Oferece oportunidades de exploração profunda e aplicação de conceitos e competências complexos.

• **Relevância para o mundo real:** Torna a aprendizagem significativa, ligando conceitos a aplicações e questões do mundo real.

• **Desenvolvimento de competências:** Melhora o pensamento crítico, a resolução de problemas, a colaboração e as competências técnicas necessárias em informática e áreas afins.

Os blocos temáticos e as aulas de informática não só promovem uma compreensão holística da disciplina, como também preparam os alunos para os desafios e oportunidades em evolução nos domínios orientados para a tecnologia. Estes exemplos ilustram como os educadores podem estruturar unidades de ensino coesas e cativantes que permitem aos alunos explorar, criar e inovar no domínio da informática.

3.4. Avaliação dos conhecimentos e das competências dos estudantes

A avaliação dos conhecimentos e competências dos alunos num curso de informática envolve vários métodos e estratégias para medir a compreensão, aplicação e proficiência em conceitos teóricos e competências práticas. Eis algumas abordagens eficazes para avaliar os conhecimentos e competências dos alunos em informática:

1. Avaliação formativa

Descrição: Avaliações contínuas utilizadas para monitorizar o progresso da aprendizagem dos alunos durante o ensino.

- **Exemplos:**
  o **Questionários e testes:** Testes regulares sobre conceitos e exercícios de programação.
  o **Discussões em sala de aula:** Avaliar a compreensão através de sessões de perguntas e respostas e debates entre pares.
  o **Revisão por pares:** Revisão e feedback sobre projectos de codificação ou concepções de algoritmos.
  o **Exercícios de programação:** Avaliar as competências de programação através de pequenas tarefas ou desafios de programação.
  o **Mapas conceptuais ou mapas mentais:** Avaliar a compreensão das ligações entre os diferentes conceitos da ciência da computação.

2. Avaliação sumativa

Descrição: Avaliações efectuadas no final de uma unidade, semestre ou curso para medir o aproveitamento global.

- **Exemplos:**
  o **Exames finais:** Exames abrangentes que cobrem todo o material do curso, incluindo teoria e aplicações práticas.
  o **Apresentações de projectos:** Avaliar a capacidade dos alunos de aplicar conhecimentos e competências na criação de um projeto de informática.

o **Portfólios:** Compilação dos melhores trabalhos efectuados pelos alunos ao longo do curso, demonstrando o seu crescimento e sucesso.

o **Projectos de codificação:** Avaliação de projectos de programação em grande escala, avaliando as práticas de codificação, a eficiência e as competências de resolução de problemas.

o **Relatórios escritos:** Trabalhos de investigação ou relatórios técnicos sobre temas específicos da informática.

3. Avaliação baseada no desempenho

Descrição: Avaliações que exigem que os alunos demonstrem competências ou tarefas específicas.

• **Exemplos:**

o **Desafios de programação:** Tarefas práticas de programação para resolver problemas específicos dentro de um limite de tempo.

o **Exercícios de depuração:** Identificar e corrigir erros nos trechos de código fornecidos.

o **Conceção de algoritmos:** Criar algoritmos para resolver problemas computacionais, avaliar a eficiência e a correção.

o **Exercícios de simulação:** Utilizar ferramentas de software para simular cenários ou sistemas do mundo real, analisar resultados e fazer recomendações.

4. Avaliação pelos pares e autoavaliação

Descrição: Envolve os alunos na avaliação do seu próprio trabalho ou do trabalho dos colegas, promovendo a reflexão e o feedback.

• **Exemplos:**

o **Revisões pelos pares:** Fornecer feedback construtivo sobre projetos de programação ou trabalhos escritos.

o **Diários de autorreflexão:** Incentivar os alunos a refletir sobre os seus progressos de aprendizagem, desafios e realizações.

o **Projectos de grupo:** Avaliar as contribuições individuais no âmbito de um projeto de grupo e fornecer avaliações pelos pares.

5. Rubricas

Descrição: Critérios claros para avaliar o trabalho dos alunos, proporcionando coerência e transparência na avaliação.

• **Exemplos:**

o **Rubricas de codificação:** Os critérios incluem clareza, funcionalidade, eficiência e documentação do código.

o   **Rubricas do projeto:** Os critérios abrangem o âmbito do projeto, a criatividade, a complexidade técnica e a apresentação.

o   **Rubricas para trabalhos escritos:** Os critérios incluem a exatidão do conteúdo, a organização, a clareza de expressão e a adesão às directrizes de formatação.

6. Aplicações e simulações do mundo real

Descrição: Avaliar a capacidade dos alunos para aplicar conceitos de informática em contextos práticos.

• **Exemplos:**

o   **Estudos de casos:** Analisar cenários do mundo real relacionados com questões ou aplicações informáticas.

o   **Simulações:** Utilizar simulações de software para avaliar a capacidade de resolução de problemas e a tomada de decisões em ambientes dinâmicos.

o   **Estágio ou experiência profissional:** Avaliar o desempenho num ambiente de trabalho real relacionado com a informática.

Considerações sobre uma avaliação eficaz no domínio da informática

• **Alinhamento com os objectivos de aprendizagem:** Assegurar que as avaliações reflectem os objectivos do curso e os resultados da aprendizagem.

• **Autenticidade:** Fornecer avaliações que reflictam os desafios e tarefas do mundo real no domínio da informática.

• **Feedback:** Oferecer feedback atempado e construtivo para apoiar a aprendizagem e a melhoria dos alunos.

• **Justiça e equidade:** Ter em conta os diversos estilos de aprendizagem e antecedentes na conceção das avaliações.

• **Melhoria contínua:** Utilizar dados de avaliação para informar as práticas de ensino e o desenvolvimento curricular.

Utilizando uma combinação destes métodos e estratégias de avaliação, os educadores podem avaliar eficazmente os conhecimentos e competências dos alunos em informática, promovendo uma compreensão mais profunda, a proficiência e a preparação para futuros desafios neste domínio.

3.4.1. Critérios de avaliação

Os critérios de avaliação são essenciais para avaliar o desempenho, a compreensão e as competências dos alunos em vários contextos educativos, incluindo a informática. Estes critérios fornecem um quadro claro para os educadores medirem e comunicarem os resultados dos alunos. Eis alguns dos principais critérios de avaliação habitualmente utilizados na avaliação dos alunos em informática:

1. Competência técnica

• **Competências de codificação:** Capacidade de escrever código claro, eficiente e que respeite as melhores práticas.

• **Conceção de algoritmos:** Capacidade de conceber algoritmos que resolvam problemas computacionais de forma eficaz.

• **Resolução de problemas:** Capacidade para analisar problemas, identificar soluções e implementá-las utilizando linguagens de programação.

• **Depuração:** Capacidade de identificar e corrigir erros no código.

2. Compreensão concetual

• **Conhecimentos teóricos:** Compreensão dos conceitos fundamentais da ciência da computação (por exemplo, estruturas de dados, algoritmos, arquitetura de computadores).

• **Pensamento computacional:** Aplicação de conceitos computacionais para resolver problemas e modelar cenários do mundo real.

• **Pensamento sistémico:** Capacidade de compreender e analisar interacções em sistemas complexos.

3. Criatividade e inovação

• **Originalidade:** Capacidade de desenvolver soluções ou abordagens inovadoras para tarefas ou desafios de programação.

• **Projectos inovadores:** Desenvolvimento de projectos criativos que demonstrem funcionalidades ou aplicações únicas.

• **Exploração de problemas:** Capacidade para explorar e propor novas ideias ou melhorias em sistemas ou algoritmos existentes.

4. Qualidade do trabalho

• **Qualidade do código:** Clareza, organização e legibilidade do código.

• **Documentação:** Adequação e clareza dos comentários, ficheiros README ou documentação que acompanha o código.

• **Testes:** Implementação de estratégias de teste eficazes para garantir a fiabilidade e a funcionalidade do código.

5. Colaboração e comunicação

• **Trabalho em equipa:** Capacidade de colaborar eficazmente em projectos de grupo, contribuindo para objectivos comuns.

• **Competências de comunicação:** Clareza e eficácia na comunicação de conceitos técnicos e resultados de projectos.

• **Feedback dos pares:** Capacidade de fornecer feedback construtivo aos colegas e incorporar o feedback recebido.

6. Considerações éticas e profissionais

• **Práticas éticas:** Consciência das questões éticas em informática (por exemplo, privacidade, segurança, propriedade intelectual).

• **Profissionalismo:** Adesão a padrões profissionais de comportamento, comunicação e gestão de projectos.

• **Conformidade legal:** Compreensão dos requisitos e implicações legais relacionados com as práticas informáticas.

7. Pensamento crítico e análise

• **Análise de problemas:** Capacidade de analisar problemas, dividi-los em partes geríveis e conceber soluções.

• **Avaliação:** Capacidade para avaliar a eficácia e a eficiência de soluções ou algoritmos.

• **Tomada de decisões:** Capacidade de tomar decisões informadas com base na análise e avaliação de opções.

8. Apresentação e demonstração

• **Apresentação do projeto:** Clareza, organização e eficácia das apresentações ou demonstrações.

• **Demonstração técnica:** Capacidade de apresentar a funcionalidade e as características de projectos ou aplicações de software.

• **Envolvimento do público:** Envolvimento e capacidade de resposta a perguntas ou comentários durante as apresentações.

Desenvolvimento de critérios de avaliação eficazes

• **Clareza:** Assegurar que os critérios são claramente definidos e comunicados aos alunos.

• **Relevância:** Alinhar os critérios com os objectivos de aprendizagem e os resultados pretendidos do curso.

• **Coerência:** Aplicar critérios de forma consistente nas avaliações e tarefas.

• **Flexibilidade:** Permitir flexibilidade para acomodar diversas abordagens e soluções dos alunos.

• **Feedback:** Utilizar critérios para fornecer feedback construtivo que apoie a aprendizagem e a melhoria dos alunos.

Ao utilizar estes critérios de avaliação, os educadores podem avaliar e fornecer feedback sobre os conhecimentos, aptidões e competências dos alunos em informática de forma eficaz. Poderão ser necessários ajustes aos critérios com base nos objectivos específicos do curso, nas necessidades dos alunos e na evolução das exigências da área.

3.4.2. Ensaios e tarefas de controlo

Os testes e as tarefas de controlo são componentes essenciais para avaliar a compreensão e a proficiência dos alunos em informática. Estas avaliações são concebidas para avaliar os conhecimentos teóricos, as capacidades de resolução de problemas, as competências de programação e a aplicação de conceitos. Aqui está uma visão geral de como os testes e as tarefas de controlo podem ser estruturados num curso de informática:

1. Testes

Os testes de informática abrangem normalmente uma série de tópicos e conceitos para avaliar os conhecimentos teóricos dos alunos, a compreensão dos algoritmos e a capacidade de aplicar os princípios de programação. Eis os principais aspectos a ter em conta na conceção dos testes:

- **Cobertura do conteúdo:**
  - Incluir perguntas que abranjam a amplitude do currículo, cobrindo tópicos como:
    - Conceitos fundamentais (por exemplo, estruturas de dados, algoritmos).
    - Linguagens de programação e sintaxe.
    - Estratégias de resolução de problemas.
    - Fundamentos teóricos (por exemplo, complexidade computacional, lógica).
- **Tipos de perguntas:**
  - **Escolha múltipla:** Testar a compreensão de definições, conceitos e conhecimentos teóricos.
  - **Resposta curta:** Avaliar a capacidade de explicar conceitos ou resolver problemas com respostas breves.
  - **Problemas algorítmicos:** Proporcionar cenários em que os alunos têm de conceber algoritmos ou escrever código para resolver tarefas específicas.
  - **Questões de redação:** Incentivam a exploração mais profunda de conceitos teóricos, aplicações ou considerações éticas.
- **Rigor da avaliação:**
  - Assegurar um equilíbrio entre a memorização de factos e a aplicação de conhecimentos para resolver problemas.

o   Incluir perguntas que exijam pensamento crítico, análise e síntese de informações.

o   Conceber perguntas que avaliem tanto o conhecimento processual (por exemplo, sintaxe) como a compreensão concetual (por exemplo, princípios de conceção de algoritmos).

• **Hora e formato:**

o   Atribuir um tempo adequado para os alunos realizarem o teste, tendo em conta a complexidade das perguntas e das tarefas.

o   Especificar se o teste é feito em papel ou em computador, consoante a acessibilidade aos recursos e ferramentas necessários.

• **Mecanismo de feedback:**

o   Dar feedback atempado aos alunos sobre o seu desempenho, salientando os pontos fortes e as áreas a melhorar.

o   Utilizar os resultados dos testes para orientar futuras instruções e identificar tópicos que possam necessitar de revisão adicional.

2. Tarefas de controlo (Atribuições de programação)

As tarefas de controlo, muitas vezes sob a forma de trabalhos de programação, são avaliações práticas que avaliam a capacidade dos alunos para aplicar conceitos de programação e resolver problemas do mundo real. Eis como as tarefas de controlo podem ser estruturadas de forma eficaz:

• **Descrição da tarefa:**

o   Definir claramente o enunciado do problema, os requisitos e os resultados esperados.

o   Especificar restrições, formatos de entrada/saída e quaisquer requisitos adicionais (por exemplo, utilização de uma linguagem de programação específica).

• **Critérios de avaliação:**

o   Definir critérios de avaliação claros ou rubricas que abranjam:

▪   Correção: O programa produz os resultados esperados para determinadas entradas?

▪   Eficiência: O código está optimizado em termos de complexidade de tempo e de espaço?

▪   Qualidade do código: O código está bem estruturado, legível e documentado?

▪   Tratamento de erros: O programa lida com entradas inesperadas ou erros de forma graciosa?

• **Processo de apresentação e avaliação:**

o   Estabelecer prazos e directrizes de apresentação (por exemplo, formatos de ficheiros, convenções de nomes).

o   Utilizar ferramentas ou scripts de teste automatizados para facilitar a avaliação objetiva da funcionalidade do código.

o   Considere a possibilidade de realizar sessões de revisão por pares ou de revisão de código para fornecer feedback adicional e promover a aprendizagem com os colegas.

• Feedback e revisão:

o   Fornecer feedback pormenorizado sobre o código dos alunos, abordando os pontos fortes e as áreas a melhorar.

o   Incentivar os alunos a reverem e voltarem a apresentar os trabalhos com base no feedback, para promover a aprendizagem e a melhoria iterativas.

Sugestões para uma conceção eficaz de tarefas de teste e controlo

• Autenticidade: Assegurar que as tarefas e as perguntas reflectem cenários ou aplicações do mundo real de conceitos de informática.

• Alinhamento: Alinhar as avaliações com os objectivos do curso, os resultados da aprendizagem e o âmbito do currículo abrangido.

• Equidade: Conceber avaliações que sejam justas e acessíveis a todos os alunos, tendo em conta as diferentes necessidades de aprendizagem e antecedentes.

• Reflexão: Utilizar os resultados da avaliação para refletir sobre as estratégias de ensino, a eficácia do currículo e o progresso da aprendizagem dos alunos.

Ao integrar testes bem concebidos e tarefas de controlo no currículo, os educadores podem avaliar e promover eficazmente a compreensão, a proficiência e a aplicação dos conceitos de informática por parte dos alunos. Podem ser necessários ajustes às estratégias de avaliação com base nos objectivos do curso, nas necessidades dos alunos e nos avanços tecnológicos.

Em conclusão, uma avaliação eficaz no ensino das ciências informáticas desempenha um papel crucial na avaliação dos conhecimentos, aptidões e competências dos alunos em termos de compreensão teórica, aplicação prática e pensamento crítico. Utilizando uma variedade de métodos de avaliação, como testes e tarefas de controlo, os educadores podem medir com precisão a proficiência dos alunos em linguagens de programação, conceção de algoritmos, capacidade de resolução de problemas e compreensão concetual dos princípios fundamentais da informática.

Os testes servem para avaliar os conhecimentos teóricos dos alunos através de diversos formatos de perguntas, como escolha múltipla, resposta curta, problemas algorítmicos e perguntas de redação. Estas avaliações são concebidas para avaliar a recordação de factos, a compreensão de conceitos e a capacidade de aplicar os princípios aprendidos a novos cenários. Também fornecem informações sobre as capacidades de análise e pensamento crítico dos alunos, desafiando-os a resolver problemas complexos e a analisar quadros teóricos.

As tarefas de controlo, muitas vezes sob a forma de trabalhos de programação, são essenciais para avaliar as competências práticas. Estas tarefas exigem que os alunos apliquem conceitos de programação a problemas do mundo real, demonstrando a sua capacidade de escrever código eficiente e bem estruturado que cumpra os requisitos especificados. Os critérios de avaliação para as tarefas de controlo incluem, normalmente, a correção, a eficiência, a qualidade do código e o tratamento de erros, garantindo que os alunos não só produzem soluções funcionais, mas também aderem às melhores práticas de desenvolvimento de software.

Ao longo de todo o processo de avaliação, é fundamental fornecer um feedback atempado e construtivo. O feedback ajuda os alunos a compreenderem os seus pontos fortes e as áreas a melhorar, orientando-os no aperfeiçoamento das suas competências e conhecimentos. Também facilita a aprendizagem contínua e promove a melhoria iterativa, incentivando os alunos a rever e a melhorar o seu trabalho com base no feedback recebido.

Ao alinhar as práticas de avaliação com os objectivos do curso, garantir a equidade e a transparência e aproveitar os resultados da avaliação para informar as práticas de ensino, os educadores podem criar um ambiente de aprendizagem inclusivo e de apoio que promova o sucesso dos alunos no ensino da informática. Uma avaliação eficaz não só mede o progresso e os resultados dos alunos, como também promove o seu crescimento e desenvolvimento enquanto futuros profissionais no dinâmico domínio da informática.

CAPÍTULO 4. APLICAÇÃO E PERSPECTIVAS DE DESENVOLVIMENTO DA FORMAÇÃO EM MODELAÇÃO COMPUTACIONAL

4.1. Análise da experiência de aplicação

A implementação e o desenvolvimento da formação em modelação informática envolvem vários aspectos fundamentais que influenciam a sua eficácia e perspectivas futuras. Segue-se uma análise baseada na experiência de implementação:

1. Conceção e integração do currículo

• **Experiência de implementação:** Os programas bem sucedidos começam frequentemente com um currículo bem definido que integra a modelação computacional em disciplinas relevantes (por exemplo, engenharia, física, biologia).

• **Aspectos fundamentais:**

o **Abordagem interdisciplinar:** A integração de competências de modelação com conhecimentos específicos do domínio aumenta a relevância e a aplicação.

o **Aprendizagem progressiva:** Começar com conceitos básicos e avançar para simulações complexas garante o desenvolvimento de competências ao longo do tempo.

o **Projectos práticos:** A incorporação de projectos do mundo real permite aos alunos aplicar técnicas de modelação para resolver problemas práticos.

2. Infra-estruturas e ferramentas tecnológicas

• **Experiência de implementação:** O acesso a ferramentas de software e recursos computacionais adequados é fundamental.

• **Aspectos fundamentais:**

o **Seleção de ferramentas:** Seleção de ferramentas de fácil utilização com capacidades suficientes para simulações e visualização.

o **Requisitos de hardware:** Garantir o acesso a computadores ou servidores capazes de executar simulações complexas.

o **Formação e apoio:** Fornecer formação e apoio a estudantes e educadores para a utilização efectiva de software de modelação.

3. Estratégias de ensino e aprendizagem

• **Experiência de implementação:** Métodos de ensino variados para diferentes estilos de aprendizagem e níveis de competências.

• **Aspectos fundamentais:**

o   **Aprendizagem ativa:** Envolver os alunos através de simulações interactivas e exercícios de resolução de problemas.

o   **Projectos de colaboração:** Incentivar o trabalho de equipa em projectos de modelação para simular a colaboração no mundo real.

o   **Mecanismos de feedback:** Fornecer feedback atempado sobre modelos e simulações para melhorar os resultados da aprendizagem.

4. Apreciação e avaliação

• **Experiência de aplicação:** Os métodos de avaliação devem medir tanto a proficiência técnica como a compreensão concetual.

• **Aspectos fundamentais:**

o   **Avaliação baseada no desempenho:** Avaliar a capacidade dos alunos para desenvolver e validar modelos.

o   **Revisão por pares:** Incorporar a revisão por pares para promover a avaliação crítica e as competências de colaboração.

o   **Avaliação do portefólio:** Recolha e avaliação de um portefólio de projectos de modelação que mostre as realizações dos alunos.

5. Integração com a indústria e a investigação

• **Experiência de implementação:** A colaboração com a indústria e as instituições de investigação enriquece as oportunidades de aprendizagem.

• **Aspectos fundamentais:**

o   **Estágios e projectos:** Oferecer oportunidades para os alunos aplicarem as competências de modelação em contextos reais.

o   **Palestras de convidados:** Convidar especialistas do sector para partilharem conhecimentos e tendências em aplicações de modelação.

o   **Parcerias de investigação:** Colaboração em projectos de investigação para desenvolver técnicas e aplicações de modelização.

Perspectivas de desenvolvimento

• **Tecnologias emergentes:** Integração da inteligência artificial e da aprendizagem automática em ferramentas de modelação para melhorar as capacidades de previsão.

• **Aplicações alargadas:** Desde áreas tradicionais como a engenharia até sectores emergentes como os cuidados de saúde e as finanças, a expansão das aplicações de modelação.

• **Colaboração global:** Tirar partido das plataformas em linha para a colaboração global e a partilha de conhecimentos no ensino da modelação.

Desafios e considerações

• **Restrições de recursos:** Um financiamento adequado e o acesso à tecnologia são cruciais para uma implementação sustentada.

• **Necessidades de formação:** Desenvolvimento profissional contínuo para que os educadores se mantenham actualizados com os avanços nas tecnologias de modelação.

• **Avaliação do impacto:** Medir o impacto da formação em modelação na preparação dos alunos para a carreira e no seu sucesso académico.

Em resumo, a implementação e o desenvolvimento bem sucedidos da formação em modelação computacional exigem uma abordagem holística que integre a conceção do currículo, a infraestrutura tecnológica, estratégias de ensino eficazes, métodos de avaliação sólidos e uma colaboração significativa com a indústria. Ao abordar estes aspectos, as instituições podem aumentar a relevância e o impacto do ensino da modelação, preparando os estudantes para carreiras em diversos domínios em que a modelação computacional é cada vez mais essencial.

4.2. Problemas e formas de os resolver

A implementação da formação em modelação computacional em contextos educativos pode deparar-se com vários desafios. A identificação destes problemas e a proposta de soluções podem ajudar a melhorar a eficácia e a sustentabilidade dos programas de formação. Seguem-se alguns problemas comuns e potenciais soluções:

1. Restrições de recursos

Problema: O acesso limitado a recursos de computação de alto desempenho e a software de modelação avançado pode impedir uma formação eficaz.

Soluções:

• **Computação em nuvem:** Utilizar plataformas baseadas na nuvem para aceder a poderosos recursos de computação a pedido, reduzindo a necessidade de hardware local de alto desempenho.

• **Software de código aberto:** Adotar ferramentas de modelação de código aberto que estejam disponíveis gratuitamente e tenham um forte apoio da comunidade.

• **Financiamento e subvenções:** Procurar financiamento de subsídios governamentais, instituições de ensino e parcerias industriais para investir nos recursos necessários.

2. Formação e desenvolvimento de competências

Problema: Os educadores e os estudantes podem não ter as competências e a formação necessárias para utilizar eficazmente as ferramentas de modelação por computador.

Soluções:

• **Desenvolvimento profissional:** Ofereça workshops, seminários e sessões de formação regulares para que os educadores se mantenham actualizados com as mais recentes ferramentas e técnicas de modelação.

• **Tutoriais e cursos online:** Fornecer acesso a plataformas de aprendizagem em linha e tutoriais que abrangem tópicos de modelação fundamentais e avançados.

• **Mentoria entre pares:** Criar programas de tutoria entre pares em que estudantes ou educadores experientes possam ajudar outros a desenvolver as suas competências.

3. Integração curricular

Problema: Dificuldade em integrar a modelação computacional nos programas curriculares existentes sem perturbar a experiência global de aprendizagem.

Soluções:

• **Abordagem modular:** Desenvolver cursos modulares que possam ser integrados em diferentes disciplinas, permitindo uma implementação flexível.

• **Projectos Interdisciplinares:** Conceber projectos interdisciplinares que exijam a aplicação de técnicas de modelação, tornando o processo de aprendizagem mais coeso.

• **Programas-piloto:** Começar com programas-piloto para testar e aperfeiçoar a integração da modelação no currículo antes da implementação em grande escala.

4. Apreciação e avaliação

Problema: Desafios na avaliação efectiva das capacidades de modelação e compreensão dos alunos.

Soluções:

• **Rubricas e directrizes:** Desenvolver rubricas e directrizes claras que definam os critérios de avaliação dos projectos de modelação, assegurando a coerência e a transparência.

• **Avaliação formativa:** Implementar avaliações formativas que forneçam feedback contínuo, ajudando os alunos a melhorar as suas competências ao longo do curso.

• **Projectos de conclusão de curso:** Utilizar projectos de conclusão abrangentes que exijam que os alunos apliquem as suas competências de modelação a problemas do mundo real, demonstrando a sua proficiência.

5. Acompanhar os avanços tecnológicos

Problema: Os rápidos avanços nas tecnologias de modelação podem tornar difícil manter o currículo e os recursos de formação actualizados.

Soluções:

• **Parcerias do sector:** Colaborar com parceiros da indústria para se manter informado sobre as últimas tendências e tecnologias em modelação computacional.

• **Revisão contínua do currículo:** Rever e atualizar regularmente o currículo para incorporar novas ferramentas, técnicas e melhores práticas.

• **Aprendizagem adaptativa:** Implementar tecnologias de aprendizagem adaptativa que possam personalizar a experiência de aprendizagem com base no progresso dos alunos e na evolução das normas do sector.

6. Envolvimento e motivação dos alunos

Problema: Manter o empenho e a motivação dos alunos na aprendizagem de técnicas de modelação complexas pode ser um desafio.

Soluções:

• **Aprendizagem interactiva:** Utilize simulações interactivas, experiências de aprendizagem gamificadas e projectos práticos para tornar a aprendizagem mais cativante.

• **Aplicações do mundo real:** Destacar aplicações do mundo real e estudos de caso que demonstrem a relevância prática e o impacto das competências de modelação.

• **Aprendizagem em colaboração:** Incentivar ambientes de aprendizagem colaborativa em que os alunos possam trabalhar em conjunto em projectos, promovendo um sentido de comunidade e um objetivo comum.

7. Segurança e privacidade dos dados

Problema: Garantir a segurança e a privacidade dos dados, especialmente quando se utilizam plataformas baseadas na nuvem e se tratam dados sensíveis.

Soluções:

• Políticas de governação de dados: Estabelecer políticas claras de governação de dados que descrevam a forma como os dados são recolhidos, armazenados e utilizados, garantindo a conformidade com as normas legais e éticas.

• Plataformas seguras: Utilizar plataformas seguras e de boa reputação para modelação baseada na nuvem e garantir que todos os dados são encriptados e protegidos contra o acesso não autorizado.

• Formação sobre ética de dados: Educar estudantes e educadores sobre a segurança dos dados, questões de privacidade e considerações éticas relacionadas com a modelação informática.

Ao enfrentar estes desafios através de soluções específicas, as instituições de ensino podem aumentar a eficácia e a sustentabilidade dos programas de formação em modelação informática, preparando os estudantes para carreiras de sucesso numa variedade de domínios que dependem de técnicas avançadas de modelação.

4.2.1. Dificuldades de ensino

A aprendizagem da modelação computacional nas aulas de informática pode deparar-se com uma série de dificuldades que devem ser consideradas para a implementação efectiva desta tecnologia no processo educativo. Eis as principais:

1. Dificuldades técnicas

Equipamento e software:

• Recursos técnicos insuficientes: Algumas escolas podem não ter computadores suficientemente potentes ou o software necessário para uma modelação informática eficaz.

• Questões de licenciamento: Muitos programas de modelação são pagos, o que pode limitar a sua utilização devido às restrições orçamentais das escolas.

2. Formação insuficiente dos professores

• Falta de qualificações: Nem todos os professores têm os conhecimentos e as competências necessárias para utilizar ferramentas de software de modelação complexas.

• Necessidade de formação contínua: As tecnologias evoluem rapidamente e os professores precisam de melhorar constantemente as suas competências, o que exige tempo e recursos.

3. Complexidade do material

• **Elevado nível de abstração:** A modelação informática exige frequentemente que os alunos compreendam conceitos abstractos complexos, o que pode ser difícil para os alunos mais novos ou menos preparados.

• **Interdisciplinaridade:** A modelação computacional engloba conhecimentos de vários domínios, como a matemática, a física e a biologia, o que pode dificultar a compreensão do material por parte de estudantes com pouca preparação nestas áreas.

4. Tempo limitado

• **Currículo:** O tempo atribuído ao estudo da informática é muitas vezes limitado, o que não permite uma exploração pormenorizada dos tópicos relacionados com a modelação informática.

• **Diferentes níveis de preparação dos alunos:** Os professores têm dificuldade em equilibrar as necessidades dos alunos com diferentes níveis de preparação, o que pode levar a que alguns alunos fiquem para trás enquanto outros não recebem desafios suficientes para o seu desenvolvimento.

5. Aspectos motivacionais

• **Baixa motivação dos alunos:** Alguns alunos podem não ver o valor prático de estudar modelação computacional, o que reduz a sua motivação para aprender.

• **Medo da complexidade:** As tarefas difíceis podem intimidar os alunos, especialmente aqueles que não estão confiantes nos seus conhecimentos de matemática ou de outras ciências fundamentais.

6. Dificuldades pedagógicas

• **Abordagem individual:** Proporcionar uma abordagem individual a cada aluno é uma tarefa difícil, especialmente em turmas grandes.

• **Avaliação dos conhecimentos:** Pode ser difícil determinar critérios objectivos para avaliar os conhecimentos e competências dos alunos em modelação computacional.

As dificuldades na aprendizagem da modelação computacional nas aulas de informática são complexas e exigem uma abordagem global para a sua resolução. É necessário assegurar uma base técnica, melhorar as qualificações dos professores, adaptar os currículos às exigências modernas e motivar os alunos. A aplicação de novos métodos de ensino e de tecnologias inovadoras pode melhorar significativamente o processo de aprendizagem e torná-lo mais eficaz e cativante para os alunos.

4.2.2. Recomendações para as ultrapassar

Para enfrentar eficazmente os desafios associados ao ensino da modelação computacional nas aulas de informática, é necessária uma abordagem multifacetada. Eis algumas recomendações:

1. Resolver as dificuldades técnicas

Atualização de equipamento e software:

• **Investimento em tecnologia:** As escolas devem investir na atualização dos seus laboratórios informáticos com computadores mais potentes e garantir que dispõem do software necessário para a modelação.
• **Utilizar software gratuito e de código aberto: Existem** muitas alternativas gratuitas ou de código aberto para software de modelação (como o Blender, o FreeCAD e outros) que podem ser utilizadas eficazmente na sala de aula.

Procurar financiamento externo:

• **Subsídios e donativos:** As escolas podem candidatar-se a subsídios e pedir donativos a empresas de tecnologia ou a fundações educativas para financiar a compra do equipamento e software necessários.

2. Melhorar a formação dos professores

Desenvolvimento profissional:

• **Programas de formação contínua:** As escolas devem proporcionar oportunidades de desenvolvimento profissional contínuo aos professores, incluindo workshops, cursos em linha e seminários centrados na modelação informática e tecnologias relacionadas.
• **Colaboração com especialistas:** Estabelecer parcerias com universidades ou empresas de tecnologia para oferecer sessões de formação conduzidas por especialistas na área.

Aprendizagem entre pares:

• **Redes de professores:** Estabelecer redes ou comunidades de prática onde os professores possam partilhar recursos, experiências e melhores práticas relacionadas com a modelação informática.

3. Simplificação de material complexo

Conceção do currículo:

• **Aprendizagem em andaimes:** Conceber o currículo de modo a introduzir gradualmente conceitos complexos, começando com modelos mais simples e aumentando progressivamente a sua complexidade.

• **Abordagem interdisciplinar:** Integrar projectos de modelação computacional com outras disciplinas, como a matemática, a física e a biologia, para proporcionar um contexto mais vasto e tornar a matéria mais compreensível.

Utilização de meios visuais:

• **Simulações interactivas:** Utilizar simulações interactivas e recursos visuais para ajudar os alunos a compreender mais facilmente conceitos abstractos.

• **Tutoriais passo-a-passo:** Fornecer tutoriais passo a passo e actividades práticas que guiem os alunos através do processo de modelação.

4. Gerir o tempo limitado

Gestão eficaz do tempo:

• **Projectos integrados:** Incorporar projectos de modelação nas aulas regulares em vez de os tratar como unidades separadas, permitindo uma aprendizagem contínua sem sobrecarregar o horário.

• **Dar prioridade aos conceitos-chave:** Concentre-se nos conceitos e competências de modelação mais essenciais, assegurando que os alunos adquirem uma base sólida antes de avançarem para tópicos mais avançados.

Instrução diferenciada:

• **Ritmo flexível:** Permitir que os alunos progridam ao seu próprio ritmo, fornecendo apoio adicional ou desafios avançados conforme necessário.

• **Utilização de recursos online:** Completar o ensino em sala de aula com recursos online, tais como tutoriais e exercícios, que os alunos podem completar ao seu próprio ritmo.

5. Aumentar a motivação dos alunos

Aplicações no mundo real:

• **Projectos práticos:** Conceber projectos de modelação com aplicações no mundo real ou relacionados com os interesses dos alunos para demonstrar o valor prático da modelação por computador.

• **Oradores convidados e visitas de estudo:** Convidar profissionais que utilizam a modelação computacional no seu trabalho para falar com os alunos ou organizar visitas de estudo a empresas ou laboratórios onde a modelação é utilizada.

Gamificação:

• **Incorporar elementos de jogo:** Utilize estratégias de gamificação, como desafios, competições e recompensas, para tornar a aprendizagem mais cativante e divertida.

6. Resolver as dificuldades pedagógicas

Aprendizagem individualizada:

• **Tecnologias de aprendizagem adaptativa:** Utilizar tecnologias de aprendizagem adaptativa que adaptem a instrução às necessidades de cada aluno e forneçam feedback personalizado.
• **Instrução em pequenos grupos:** Dividir a turma em grupos mais pequenos para uma instrução mais direccionada e individualizada.

Estratégias de avaliação:

• **Rubricas e listas de verificação:** Desenvolva rubricas e listas de verificação claras para avaliar objetivamente os projectos e as competências de modelação dos alunos.
• **Avaliação do portefólio:** Incentivar os alunos a manterem um portefólio do seu trabalho, permitindo uma avaliação abrangente dos seus progressos ao longo do tempo.

Ao enfrentar estes desafios através de estratégias e recursos específicos, as escolas podem criar um ambiente mais favorável e eficaz para a aprendizagem da modelação informática. Esta abordagem não só melhorará a compreensão de conceitos complexos por parte dos alunos, como também promoverá um maior empenhamento e interesse pelas ciências informáticas.

4.3. Perspectivas de desenvolvimento

A integração da modelação computacional no ensino das ciências informáticas oferece inúmeras perspectivas de desenvolvimento que podem melhorar significativamente as experiências de ensino e aprendizagem. Eis algumas das principais perspectivas:

1. Melhoria dos resultados educativos

Melhoria da compreensão de conceitos complexos:

• **Visualização:** A modelação por computador ajuda os alunos a visualizar e a interagir com conceitos abstractos, tornando-os mais fáceis de compreender.
• **Aprendizagem interdisciplinar:** Promove a aprendizagem interdisciplinar através da integração de conhecimentos de matemática, física,

biologia e outras disciplinas, proporcionando assim uma compreensão holística de sistemas complexos.

Desenvolvimento de competências:

• **Pensamento crítico:** A utilização de modelos informáticos melhora o pensamento crítico e a capacidade de resolução de problemas, uma vez que os alunos têm de analisar, interpretar e modificar modelos.

• **Competências técnicas:** Os alunos desenvolvem competências técnicas valiosas em programação, análise de dados e utilização de software especializado, que são altamente relevantes no mercado de trabalho moderno.

2. Aumento do empenhamento e da motivação

Aprendizagem interactiva:

• **Experiência prática:** A modelação informática proporciona experiências de aprendizagem práticas, que são frequentemente mais interessantes do que o ensino tradicional baseado em aulas.

• **Gamificação:** A incorporação de elementos de jogo nas actividades de modelação pode tornar a aprendizagem mais agradável e motivar os alunos a investirem mais esforço nos seus estudos.

Relevância para o mundo real:

• **Aplicações práticas:** Ao trabalhar em projectos com aplicações no mundo real, os alunos podem ver a relevância dos seus estudos, o que pode aumentar a sua motivação e interesse pela disciplina.

3. Preparação para a carreira futura

Alinhamento com as tendências do sector:

• **Competências muito procuradas:** As competências em modelação informática são muito procuradas em vários sectores, incluindo engenharia, saúde, finanças e entretenimento.

• **Preparação para o mercado de trabalho:** Ao aprenderem modelação computacional, os estudantes ficam mais bem preparados para futuras carreiras em áreas como a ciência dos dados, a inteligência artificial, a realidade virtual e a engenharia de simulação.

Desenvolvimento da carteira:

• **Mostrar capacidades:** Os alunos podem criar portefólios dos seus projectos de modelagem, que podem ser recursos valiosos quando se candidatam a programas de ensino superior ou a empregos.

4. Avanços tecnológicos

Integração de tecnologias emergentes:

• **IA e aprendizagem automática:** A integração da IA e da aprendizagem automática na modelação computacional pode melhorar as capacidades e a precisão dos modelos, oferecendo aos estudantes a exposição a tecnologias de ponta.

• **Realidade virtual e aumentada:** A utilização de RV e RA pode proporcionar experiências de modelação imersivas, permitindo aos alunos interagir com os modelos de uma forma mais intuitiva e envolvente.

Computação em nuvem:

• **Acessibilidade:** As ferramentas de modelação baseadas na nuvem podem tornar os recursos avançados de modelação mais acessíveis às escolas com capacidade de computação local limitada, permitindo oportunidades de aprendizagem colaborativa e remota.

5. Inovações pedagógicas

Aprendizagem personalizada:

• **Sistemas de aprendizagem adaptáveis:** Estes sistemas podem adaptar as actividades de modelação às necessidades individuais dos alunos, fornecendo feedback e apoio personalizados.

• **Aprendizagem centrada no aluno:** Enfatizar abordagens de aprendizagem baseadas em projectos e em investigações que permitam aos alunos apropriarem-se da sua aprendizagem.

Aprendizagem em colaboração:

• **Projectos de grupo:** Os projectos de modelação podem ser concebidos como tarefas de colaboração, promovendo o trabalho em equipa e as competências de comunicação entre os alunos.

• **Colaboração global:** A tecnologia permite que os alunos colaborem em projectos de modelação com colegas de todo o mundo, promovendo o intercâmbio cultural e perspectivas globais.

6. Investigação e desenvolvimento no domínio da educação

Desenvolvimento curricular:

• **Currículos inovadores:** A investigação em curso sobre as formas mais eficazes de ensinar modelação computacional pode levar ao desenvolvimento de currículos inovadores que maximizem a aprendizagem e o envolvimento dos alunos.

• Métodos de avaliação: O desenvolvimento de novos métodos de avaliação das competências de modelação e da compreensão pode proporcionar avaliações mais exactas e abrangentes dos progressos dos alunos.

Formação e apoio aos professores:

• Programas de desenvolvimento profissional: Expansão dos programas de desenvolvimento profissional para ajudar os professores a manterem-se actualizados com as mais recentes tecnologias de modelação e estratégias pedagógicas.

• Desenvolvimento de recursos: Criação e divulgação de recursos educativos de elevada qualidade, incluindo planos de aulas, tutoriais e cursos em linha.

As perspectivas de desenvolvimento da modelação computacional no ensino das ciências informáticas são vastas e promissoras. Ao tirar partido destas oportunidades, os educadores podem criar experiências de aprendizagem mais cativantes, eficazes e preparadas para o futuro para os alunos. Isto não só melhorará os resultados educativos, como também preparará os alunos para carreiras de sucesso numa paisagem tecnológica em rápida evolução.

4.3.1.   Tendências futuras no domínio da educação

Tendências futuras no ensino relacionado com a modelação computacional

A integração da modelação computacional na educação faz parte de um conjunto mais vasto de tendências futuras que estão a moldar o panorama do ensino e da aprendizagem. Estas tendências tiram partido da tecnologia para melhorar as experiências e os resultados educativos. Eis algumas das principais tendências futuras no domínio da educação relacionadas com a modelação computacional:

1. Personalização da aprendizagem

Tecnologias de aprendizagem adaptativa:

• Percursos de aprendizagem personalizados: Os sistemas de aprendizagem adaptativa utilizam a análise de dados para adaptar o conteúdo educativo e o ritmo às necessidades individuais de cada aluno. Isto permite experiências de aprendizagem mais personalizadas e eficazes.

• Feedback em tempo real: Estes sistemas podem fornecer feedback imediato aos alunos, ajudando-os a compreender e a corrigir rapidamente os erros.

Ensino baseado em competências:

- **Aprendizagem de domínio:** Os alunos progridem através de um currículo ao seu próprio ritmo, avançando apenas quando demonstram dominar o material atual. Isto garante uma compreensão mais profunda de cada tópico.

2. Modelos de aprendizagem mista e híbrida

Integração da aprendizagem em linha e presencial:

- **Horários flexíveis:** Os modelos de aprendizagem mista combinam meios digitais em linha com métodos tradicionais de aulas presenciais, oferecendo flexibilidade quanto à forma e ao momento em que os alunos aprendem.
- **Maior envolvimento:** Estes modelos podem incorporar conteúdos interactivos e multimédia para envolver mais profundamente os alunos.

Salas de aula invertidas:

- **Aprendizagem ativa:** Numa sala de aula invertida, os alunos estudam os novos conteúdos em casa através de vídeos e recursos em linha e utilizam o tempo de aula para actividades práticas e debates interactivos.

3. Tecnologias de aprendizagem imersiva

Realidade Virtual (RV) e Realidade Aumentada (RA):

- **Aprendizagem experimental:** A RV e a RA proporcionam experiências de aprendizagem imersivas em que os alunos podem interagir com modelos 3D e simulações num ambiente virtual, tornando os conceitos abstractos mais tangíveis e compreensíveis.
- **Laboratórios remotos:** Estas tecnologias permitem experiências de laboratório virtual, permitindo aos alunos realizar experiências e explorar cenários que seriam difíceis ou impossíveis numa sala de aula tradicional.

Aprendizagem baseada na simulação:

- **Cenários do mundo real:** As simulações oferecem aos alunos a oportunidade de praticar competências e resolver problemas em cenários realistas, melhorando o pensamento crítico e a aplicação dos conhecimentos.

4. Inteligência Artificial na Educação

Sistemas de tutoria baseados em IA:

- **Apoio personalizado:** Os tutores de IA podem prestar assistência personalizada aos alunos, guiando-os através de conceitos complexos e oferecendo explicações à medida.

• **Tutoria escalável:** Estes sistemas podem suportar um grande número de alunos em simultâneo, tornando a tutoria personalizada mais acessível.

Análise preditiva:

• **Intervenção precoce:** A IA pode analisar os dados dos alunos para prever o desempenho académico e identificar os alunos em risco de ficar para trás, permitindo aos educadores intervir precocemente e prestar apoio adicional.

5. Gamificação e aprendizagem baseada em jogos

Envolvimento através de jogos:

• **Elementos motivacionais:** A gamificação incorpora elementos de jogo como pontos, distintivos e tabelas de classificação no processo de aprendizagem para aumentar a motivação e o envolvimento.
• **Jogos educativos:** A aprendizagem baseada em jogos envolve a utilização de jogos reais concebidos para ensinar competências ou conceitos específicos, tornando a aprendizagem divertida e interactiva.

Jogos sérios:

• **Desenvolvimento de competências:** Os jogos sérios são concebidos para fins de formação e educação, ajudando os estudantes a desenvolver competências de resolução de problemas e de pensamento crítico num ambiente simulado.

6. Ambientes de aprendizagem em colaboração

Ferramentas de colaboração em linha:

• **Colaboração global:** Ferramentas como documentos partilhados, fóruns e videoconferência permitem que os alunos colaborem com colegas de todo o mundo, promovendo a comunicação e as competências de trabalho em equipa.
• **Aprendizagem baseada em projectos:** As plataformas colaborativas apoiam a aprendizagem baseada em projectos, em que os alunos trabalham em conjunto em problemas complexos do mundo real.

Sistemas de gestão da aprendizagem (LMS):

• **Recursos centralizados:** As plataformas LMS fornecem um espaço centralizado para materiais de curso, tarefas e comunicação, facilitando a gestão do processo de aprendizagem por parte de alunos e professores.
• **Informações baseadas em dados:** Os LMS podem acompanhar o progresso dos alunos e fornecer informações aos educadores sobre as áreas em que os alunos podem necessitar de apoio adicional.

7. Aprendizagem ao longo da vida e microcredenciais

Formação contínua:

• **Desenvolvimento de competências:** A ênfase na aprendizagem ao longo da vida incentiva os indivíduos a desenvolverem continuamente novas competências e conhecimentos ao longo das suas carreiras.

• **Micro-credenciais:** Cursos e certificações curtos e específicos (micro-credenciais) permitem aos alunos adquirir competências específicas e demonstrar competências aos empregadores.

Plataformas de aprendizagem em linha:

• **Educação acessível:** Plataformas como Coursera, edX e Udacity oferecem uma vasta gama de cursos das principais universidades e empresas, tornando a educação de alta qualidade acessível a qualquer pessoa com uma ligação à Internet.

O futuro da educação está a ser moldado por tecnologias inovadoras e abordagens pedagógicas que privilegiam a personalização, o envolvimento e a aplicação prática. A modelação informática está na vanguarda destas tendências, oferecendo ferramentas poderosas para melhorar a compreensão e desenvolver competências. Ao adotar estas tendências futuras, os educadores podem criar experiências de aprendizagem mais eficazes, envolventes e relevantes que preparam os alunos para os desafios do século XXI.

4.3.2. Inovações e novas tecnologias

Inovações e novas tecnologias na educação

O panorama da educação está em constante evolução com o advento de novas tecnologias e abordagens inovadoras. Eis algumas das inovações e tecnologias com maior impacto que estão a moldar o futuro da educação:

1. Inteligência artificial (IA) e aprendizagem automática

Sistemas de Aprendizagem Adaptativa:

• **Educação personalizada:** Os sistemas de aprendizagem adaptativa alimentados por IA adaptam os conteúdos educativos às necessidades individuais e ao ritmo de aprendizagem de cada aluno, proporcionando uma experiência de aprendizagem personalizada.

• **Classificação automatizada:** A IA pode ajudar na classificação de trabalhos e exames, fornecendo feedback instantâneo e libertando tempo para os professores se concentrarem em tarefas mais complexas.

Sistemas de tutoria inteligentes:

• **Apoio 24 horas por dia, 7 dias por semana:** Os tutores de IA estão disponíveis 24 horas por dia para ajudar os alunos com as suas dúvidas e fornecer prática e explicações adicionais.

• **Análise da aprendizagem:** A IA pode analisar os dados dos alunos para identificar padrões de aprendizagem, prever resultados e sugerir intervenções para melhorar o desempenho dos alunos.

2. Realidade Virtual (RV) e Realidade Aumentada (RA)

Experiências de aprendizagem imersiva:

• **Laboratórios virtuais:** A RV pode criar ambientes laboratoriais realistas onde os alunos podem realizar experiências sem as limitações dos recursos físicos.

• **Reencenações históricas:** A RA pode dar vida a acontecimentos históricos, permitindo que os alunos explorem e interajam com a história de uma forma mais cativante.

Visualização melhorada:

• **Modelação 3D:** A RV e a RA podem ser utilizadas para visualizar conceitos complexos em disciplinas como a biologia, a química e a física, tornando-os mais fáceis de compreender.

3. Tecnologia Blockchain

Credenciamento seguro:

• **Diplomas e certificados digitais:** A Blockchain pode ser utilizada para emitir e verificar de forma segura as credenciais educativas, reduzindo a fraude e facilitando a verificação das qualificações por parte dos empregadores.

• **Registos de aprendizagem:** A cadeia de blocos pode manter um registo seguro e inviolável dos resultados e progressos de aprendizagem dos alunos ao longo do seu percurso educativo.

4. Internet das coisas (IoT)

Salas de aula inteligentes:

• **Dispositivos ligados:** Os dispositivos ligados à IoT podem criar um ambiente de sala de aula inteligente em que a iluminação, a temperatura e o equipamento audiovisual são automaticamente ajustados para melhorar as condições de aprendizagem.

• **Recolha de dados:** Os sensores e os dispositivos IoT podem recolher dados sobre o envolvimento e a interação dos alunos, fornecendo informações para melhorar os métodos de ensino.

Acessibilidade melhorada:

• **Tecnologias de apoio:** A IoT pode suportar tecnologias de assistência para alunos com deficiência, como aparelhos auditivos inteligentes, dispositivos de fala para texto e quadros interactivos.

5. Gamificação e aprendizagem baseada em jogos

Envolvimento e motivação:

• **Jogos educativos:** A integração de jogos no currículo pode tornar a aprendizagem mais envolvente e agradável, ajudando a manter a motivação dos alunos.
• **Elementos de jogo:** A gamificação incorpora elementos como pontos, distintivos e tabelas de classificação em contextos que não são de jogo para incentivar a participação e o esforço.

Desenvolvimento de competências:

• **Resolução de problemas:** A aprendizagem com base em jogos incentiva o pensamento crítico e a resolução de problemas à medida que os alunos enfrentam desafios e cenários no jogo.
• **Colaboração:** Os jogos educativos com vários jogadores promovem o trabalho em equipa e as capacidades de comunicação.

6. Computação em nuvem

Recursos acessíveis:

• **Plataformas de aprendizagem online:** As plataformas baseadas na nuvem, como o Google Classroom, o Microsoft Teams e o Canvas, fornecem acesso centralizado a recursos educativos, tarefas e ferramentas de colaboração.
• **Armazenamento de dados:** A computação em nuvem oferece soluções de armazenamento escaláveis para que as instituições de ensino possam armazenar e gerir dados de forma segura.

Aprendizagem à distância:

• **Flexibilidade:** A computação em nuvem suporta a aprendizagem à distância, permitindo que os alunos acedam aos materiais do curso e participem nas aulas a partir de qualquer lugar com uma ligação à Internet.

• **Colaboração:** As ferramentas baseadas na nuvem facilitam a colaboração entre alunos e professores, independentemente da sua localização física.

7. Big Data e análise da aprendizagem

Tomada de decisões com base em dados:

• **Aprendizagem personalizada:** A análise da aprendizagem pode fornecer informações sobre o desempenho e as preferências de aprendizagem dos alunos, permitindo planos de aprendizagem personalizados.
• **Análise preditiva:** Os grandes volumes de dados podem prever os resultados dos alunos e identificar os alunos em risco, permitindo intervenções atempadas.

Instrução melhorada:

• **Percepções dos professores:** A análise pode ajudar os professores a compreender a eficácia dos seus métodos de ensino e a identificar áreas a melhorar.
• **Desenvolvimento curricular:** A análise de dados pode servir de base para o desenvolvimento do currículo, salientando quais as áreas do currículo que constituem um maior desafio para os alunos.

8. Robótica e codificação

Educação STEM:

• **Aprendizagem prática:** Os kits de robótica e as plataformas de programação proporcionam experiências de aprendizagem práticas que fomentam a criatividade, o pensamento crítico e a capacidade de resolução de problemas.
• **Exposição precoce:** A introdução da robótica e da programação numa idade precoce prepara os alunos para futuras carreiras em tecnologia e engenharia.

Projectos de colaboração:

• **Trabalho de equipa:** Os projectos de robótica requerem frequentemente colaboração, ajudando os alunos a desenvolver competências de trabalho em equipa e de comunicação.
• **Aplicações no mundo real:** Os alunos podem aplicar os seus conhecimentos para resolver problemas do mundo real, aumentando a relevância e o impacto da sua aprendizagem.

9. Aprendizagem móvel

Em qualquer lugar, a qualquer hora Aprendizagem:

• **Aplicações educativas:** As aplicações móveis oferecem experiências de aprendizagem interactivas e envolventes a que os alunos podem aceder nos seus smartphones e tablets.

• **Microaprendizagem:** A aprendizagem móvel suporta a microaprendizagem, em que o conteúdo educativo é fornecido em pequenas porções geríveis que se adaptam aos horários ocupados dos estudantes.

Maior acessibilidade:

• **Conectividade:** Os dispositivos móveis permitem o acesso a recursos de aprendizagem e a cursos em linha, tornando a educação mais acessível a estudantes em zonas remotas ou mal servidas.

A integração destas tecnologias e abordagens inovadoras está a transformar a educação, tornando-a mais personalizada, envolvente e eficaz. Ao tirar partido destes avanços, os educadores podem criar ambientes de aprendizagem dinâmicos que preparam melhor os alunos para os desafios do futuro. A adoção destas tendências garantirá que a educação acompanha o ritmo do progresso tecnológico e satisfaz as necessidades em evolução dos alunos.

A integração de tecnologias inovadoras e de novas abordagens na educação está a revolucionar o panorama do ensino e da aprendizagem. Estes avanços oferecem um potencial significativo para melhorar os resultados educativos, a participação e o desenvolvimento de competências. Eis um resumo dos principais pontos:

Personalização e aprendizagem adaptativa

• **Experiências de aprendizagem personalizadas:** A IA e os sistemas de aprendizagem adaptativos adaptam os conteúdos educativos às necessidades individuais dos alunos, permitindo uma educação mais eficaz e personalizada.

• **Feedback contínuo:** Os mecanismos de feedback em tempo real ajudam os alunos a aprender com os seus erros e a melhorar rapidamente.

Aprendizagem imersiva e interactiva

• **RV e RA:** A realidade virtual e a realidade aumentada proporcionam experiências de aprendizagem imersivas, facilitando a compreensão de conceitos complexos e abstractos.

• **Gamificação:** A incorporação de elementos de jogos na educação aumenta a motivação e o empenho dos alunos, tornando a aprendizagem divertida e interactiva.

Maior acessibilidade e flexibilidade

• **Computação em nuvem:** As plataformas baseadas na nuvem apoiam a aprendizagem remota e flexível, tornando os recursos educativos acessíveis a partir de qualquer lugar.

• **Aprendizagem móvel:** As aplicações educativas e os dispositivos móveis permitem a aprendizagem em movimento, garantindo que os alunos podem aceder à informação em qualquer altura e em qualquer lugar.

Tomada de decisões com base em dados

• **Análise da aprendizagem:** Os grandes volumes de dados e a análise da aprendizagem fornecem informações sobre o desempenho e as preferências de aprendizagem dos alunos, permitindo estratégias de ensino personalizadas e eficazes.

• **Análise preditiva:** Os modelos preditivos ajudam a identificar alunos em risco e permitem intervenções atempadas para apoiar o seu percurso de aprendizagem.

Desenvolvimento de competências e preparação para a carreira futura

• **Educação STEM:** A robótica, a codificação e outras experiências de aprendizagem prática fomentam o pensamento crítico, a resolução de problemas e as competências técnicas, preparando os alunos para futuras carreiras em tecnologia e engenharia.

• **Aprendizagem ao longo da vida:** As plataformas de aprendizagem em linha e as microcredenciais apoiam a educação contínua e o desenvolvimento de competências, garantindo que os alunos se podem adaptar à evolução das exigências do mercado de trabalho.

Aprendizagem segura e verificada

• **Tecnologia Blockchain:** A tecnologia Blockchain fornece credenciais seguras e verificáveis, reduzindo a fraude e facilitando a verificação das qualificações por parte dos empregadores.

• **Registos digitais:** Os registos digitais seguros dos resultados da aprendizagem fornecem uma visão abrangente do percurso educativo de um aluno.

Aprendizagem colaborativa e global

• **Ferramentas de colaboração em linha:** A tecnologia facilita a colaboração entre alunos e professores, quebrando barreiras geográficas e promovendo perspectivas globais.

• **Aprendizagem baseada em projectos:** Os projectos de colaboração e as competências de trabalho em equipa são realçados, preparando os alunos para os desafios do mundo real.

A adoção destes avanços tecnológicos e abordagens inovadoras é essencial para criar ambientes educativos dinâmicos, eficazes e envolventes. Ao tirar partido destas ferramentas, os educadores podem proporcionar experiências de aprendizagem mais personalizadas, interactivas e relevantes que preparam os alunos para os desafios e oportunidades do futuro. A evolução contínua da educação através da tecnologia promete não só melhorar os resultados da aprendizagem, mas também tornar a educação mais acessível e equitativa para todos os alunos.

Conclusões

No ambiente educativo moderno, que está a mudar rapidamente sob a influência do progresso tecnológico, o ensino da modelação computacional nas aulas de informática é de particular importância. A investigação realizada confirma que a introdução da modelação computacional no processo educativo contribui para o desenvolvimento do pensamento crítico dos alunos, o reforço das suas capacidades criativas e a melhoria da sua preparação para futuras actividades profissionais.

Principais conclusões do estudo:
1.   **Fundamentos Teóricos da Modelação Computacional**: A modelação computacional é uma componente essencial da informática moderna, permitindo aos estudantes compreender sistemas e processos complexos através da criação e análise de modelos virtuais. Isto forma as competências básicas de trabalho com tecnologias de informação, necessárias na sociedade contemporânea.
2.   **Análise das Metodologias de Ensino Modernas**: Com base na análise das abordagens actuais ao ensino da modelação computacional, verificou-se que as metodologias eficazes combinam conhecimentos teóricos com tarefas práticas. A utilização de várias ferramentas e plataformas de software melhora a compreensão e a retenção da matéria.
3.   **Recomendações para os Professores de Informática**: Para uma implementação bem sucedida da modelação informática no processo educativo, recomenda-se aos professores que apliquem uma abordagem individualizada a cada aluno, que utilizem métodos de ensino interactivos e baseados em projectos e que actualizem continuamente os seus conhecimentos e competências no domínio das tecnologias da informação.
4.   **Avaliação da Eficácia dos Métodos Implementados**: Os resultados dos inquéritos e da aplicação experimental das metodologias desenvolvidas mostraram que os alunos que foram ensinados utilizando os métodos propostos demonstraram um nível mais elevado de compreensão e interesse pela matéria em comparação com as abordagens tradicionais de ensino da informática.

Significado prático do estudo:
O significado prático da investigação realizada reside na aplicação direta dos resultados obtidos no processo educativo. As metodologias desenvolvidas podem ser utilizadas pelos professores de informática e pelas administrações escolares para melhorar a qualidade do ensino. A aplicação destes métodos não só melhorará os resultados académicos dos estudantes, como também desenvolverá as suas competências profissionais, que são importantes no contexto dos desafios modernos da sociedade da informação.

Perspectivas de investigação futura:

A investigação futura pode ser orientada para o alargamento da gama de ferramentas utilizadas na modelação computacional, para a adaptação de metodologias a diferentes grupos etários de estudantes e para a integração da modelação computacional noutras disciplinas do currículo escolar. Isto permitirá a criação de uma abordagem mais abrangente e integrada do ensino que satisfaça as exigências da educação moderna.

Assim, esta monografia realça a importância e a necessidade de desenvolver a modelação computacional como parte integrante do processo educativo nas aulas de informática. As metodologias e recomendações propostas podem melhorar significativamente a qualidade da educação, promover o desenvolvimento do pensamento crítico dos alunos, as suas capacidades criativas e as competências profissionais necessárias na moderna sociedade da informação.

Referências

[1] Pasternak V. Tecnologia da Informação: Da abstração à implementação: monografia. Chisinau: Lambert Academic Publishing, 2022. 121 p.

[2] Pasternak V. Modelação computacional de objectos e processos: monografia. Chisinau: Lambert Academic Publishing, 2022. 110 p.

[3] Pasternak V. Modern information technologies in education, didactic methods and upbring: monograph. Londres, Reino Unido: Lambert Academic Publishing, 2023. 112 p.

[4] Pasternak V. Application of numerical methods and computer modeling in education: monograph. Londres, Reino Unido: Lambert Academic Publishing, 2023. 121 p.

[5] Pasternak Ia., Pasternak V., Ilchuk N. Boundary Element Method for Defective Multifield Materials. *Lambert Academic Publishing*. 2018. 111 p. https://www.amazon.com/Boundary-Element-Defective-Multifield-Materials/dp/6139935997

[6] Sulym H., Pasternak Ia., Pasternak V. Modelação de elementos de fronteira de sólidos piroeléctricos com inclusões de conchas. *Mecânica e Engenharia Mecânica*. 2018. P. 727-737.

[7] Zabolotnyi O., Pasternak V., Ilchuk N., Cagáňová D., Hulchuk Y. Estudo da Porosidade Baseado em Materiais Estruturalmente Não Homogéneos Al-Ti. *Notas de aula em engenharia mecânica*. 2021. P. 349-359. https://doi.org/10.1007/978-3-030-68014-5_35.

[8] Pasternak V., Ruban A., Shvedun V., Veretennikova J. Development of a 3D Computer Simulation Model Using C++ Methods. *Defect and Diffusion Forum*. 2023. № 428. P. 57-66. https://www.scientific.net/DDF.428.57.

[9] Pasternak V., Ruban A., Zolotova N., Suprun O. Computer Modeling of Inhomogeneous Media Using the Abaqus Software Package. *Defect and Diffusion Forum*. 2023. № 428. P. 47-56. https://www.scientific.net/DDF.428.47.

[10] Pasternak V., Ruban A., Surianinov M., Shapoval S. Simulation Modeling of an Inhomogeneous Medium, in Particular: Formas redondas, triangulares e quadradas. *Fórum de Defeitos e Difusão*. 2023. № 428. P. 27-35. https://www.scientific.net/DDF.428.27.

[11] Pasternak V., Zabolotnyi O., Ilchuk N., Cagáňová D., Hulchuk Y. Improvement of Processes for Obtaining Titanium Alloys for Manufacturing Parts with Design Elements. *Notas de aula em engenharia mecânica*. 2022. P. 323-333. https://doi.org/10.1007/978-3-030-91327-4_32.

[12] Zabolotnyi O., Pasternak V., Andrushchak I., Ilchuk N., Svirzhevskyi K. Numerical Simulation of the Microstructure of Structural-Inhomogeneous Materials. *Notas de aula em Engenharia Mecânica*. 2020. P. 562-571. https://doi.org/10.1007/978-3-030-50794-7_55 .

[13] Pasternak V., Ruban A., Hurkalenko V., Zhyhlo A. Computer Simulation Modeling of an Inhomogeneous Medium with Ellipse-Shaped

Irregular Elements. *Fórum de Defeitos e Difusão*. 2023. № 428. P. 37-45. https://www.scientific.net/DDF.428.37.

[14] Pasternak V., Samchuk L., Huliieva N., Andrushchak I., Ruban A. Investigation of the Properties of Powder Materials Using Computer Modeling. *Fórum de Ciência dos Materiais*. 2021. № 1038. P. 33-39. https://doi.org/10.4028/www.scientific.net/MSF.1038.33.

[15] Zabolotnyi O., Pasternak V., Ilchuk N., Huliieva N., Cagáňová D. Powder Technology and Software Tools for Microstructure Control of $AlCu_2$ Samples. *Notas de aula em engenharia mecânica*. 2021. P. 585-593. https://doi.org/10.1007/978-3-030-77719-7_58.

[16] Pasternak V., Samchuk L., Ruban A., Chernenko O., Morkovska N. Investigation of the Main Stages in Modeling Spherical Particles of Inhomogeneous Materials. *Fórum de Ciência dos Materiais*. 2022. № 1068. P. 207-214. https://doi.org/10.4028/p-9jq543.

[17] Pasternak V., Ruban A., Surianinov M., Otrosh Yu., Romin A. Software Modeling Environment for Solving Problems of Structurally Inhomogeneous Materials. *Fórum de Ciência dos Materiais*. 2022. № 1068. P. 215-222. https://doi.org/10.4028/p-h1c2rp.

[18] Ruban A., Pasternak V., Huliieva N. Prediction of the Structural Properties of Powder Materials by 3D Modeling Methods. *Fórum de Ciência dos Materiais*. 2022. № 1068. P. 231-238. https://doi.org/10.4028/p-18k386.

[19] Pasternak V., Zabolotnyi O., Svirzhevskyi K., Zadorozhnikova I., Machado J. Influence of Mechanical Processing on the Durability of Parts in Additive Manufacturing Conditions. *Notas de aula em Engenharia Mecânica*. 2022. P. 24-35. https://link.springer.com/chapter/10.1007/978-3-031-09382-1_3.

[20] Pasternak V., Zabolotnyi O., Ilchuk N., Machado J., Svirzhevskyi K. The Behaviour of a Rod (Beam) Under the Influence of an External Power Load. *Notas de aula em Engenharia Mecânica*. 2022. P. 13-22. https://link.springer.com/chapter/10.1007/978-3-031-06044-1_2.

[21] Pasternak V., Zabolotnyi O., Holii O., Tkachuk A., Cagáňová D. Numerical Investigation of Materials Porosity Based on the 3D Computer Simulation Particle Packaging Model. *Notas de aula em engenharia mecânica*. 2023. P. 237-246. https://link.springer.com/chapter/10.1007/978-3-031-32774-2_24.

[22] Pasternak V., Sulym H., Pasternak I. Frequency Domain Green's Function and Boundary Integral Equations for Multifield Materials and Quasicrystals. *Revista Internacional de Sólidos e Estruturas*. 2024. Vol. 286-287. P. 1-12. https://www.sciencedirect.com/science/article/abs/pii/S0020768323004596.

[23] Sulym, H. Pasternak, Ia. Pasternak, V.: Modelagem de elementos de contorno de sólidos piroelétricos contendo inclusões rígidas 3D semelhantes a conchas. Mecânica e Engenharia Mecânica 22 (3), 727-737 (2018).

yes
I want morebooks!

Buy your books fast and straightforward online - at one of world's fastest growing online book stores! Environmentally sound due to Print-on-Demand technologies.

Buy your books online at
www.morebooks.shop

Compre os seus livros mais rápido e diretamente na internet, em uma das livrarias on-line com o maior crescimento no mundo! Produção que protege o meio ambiente através das tecnologias de impressão sob demanda.

Compre os seus livros on-line em
www.morebooks.shop

Printed by Books on Demand GmbH, Norderstedt / Germany